职业教育改革创新示范教材

汽车车身及附属设备
Qiche Cheshen ji Fushu Shebei

易昌盛　高元伟　**主　编**
孟范辉　杨　猛　**副主编**

人民交通出版社股份有限公司
China Communications Press Co.,Ltd.

内 容 提 要

本书是职业教育改革创新示范教材之一,主要内容包括车身结构的认知、车身常用拆装工具的使用、前保险杠塑料装饰件的拆装与更换、前照灯的拆装与更换、发动机舱盖的拆装与更换、门锁机构的拆装与更换、电动玻璃升降器的拆装与更换、电动后视镜的拆装与更换、电动刮水器的拆装与更换、前风窗玻璃的拆装与更换和汽车座椅的拆装与更换。

本书可作为中等职业学校汽车运用与维修专业、汽车制造与检修专业的教材,也可供汽车维修及相关技术人员参考阅读。

图书在版编目(CIP)数据

汽车车身及附属设备 / 易昌盛,高元伟主编. — 北京:人民交通出版社股份有限公司,2019.12
职业教育改革创新示范教材
ISBN 978-7-114-15949-7

Ⅰ.①汽… Ⅱ.①易… ②高… Ⅲ.①汽车—车体—职业教育—教材 ②汽车—附属装置—职业教育—教材
Ⅳ.①U463.82

中国版本图书馆 CIP 数据核字(2019)第 257749 号

书　　名:	汽车车身及附属设备
著 作 者:	易昌盛　高元伟
责任编辑:	戴慧莉
责任校对:	刘　芹
责任印制:	张　凯
出版发行:	人民交通出版社股份有限公司
地　　址:	(100011)北京市朝阳区安定门外外馆斜街3号
网　　址:	http://www.ccpress.com.cn
销售电话:	(010)59757973
总 经 销:	人民交通出版社股份有限公司发行部
经　　销:	各地新华书店
印　　刷:	北京印匠彩色印刷有限公司
开　　本:	787×1092　1/16
印　　张:	11.5
字　　数:	269 千
版　　次:	2019 年 12 月　第 1 版
印　　次:	2019 年 12 月　第 1 次印刷
书　　号:	ISBN 978-7-114-15949-7
定　　价:	30.00 元

(有印刷、装订质量问题的图书由本公司负责调换)

职业教育改革创新示范教材编委会

(排名不分先后)

主　　任：曹剑波（武汉市交通学校）

副 主 任：龚福明（武汉交通职业学院）

　　　　　曾　鑫（武汉软件工程职业学院）

　　　　　田哲文（武汉理工大学）

　　　　　许小兰（荆州市创业职业中等专业学校）

　　　　　周广春（武汉市交通学校）

委　　员：张宏立　何本琼　向志伟　杨　泽　张生强　罗　琼

　　　　　马生贵　蔡明清　易建红　向忠国　朱胜平　程　宽

　　　　　彭小晴　江　薇　杨　猛　易昌盛

　　　　　李和平（武汉市交通学校）

　　　　　董　蓉　杨晓炳　涂金林　杨寒蕊　何孝伟　张继芳

　　　　　覃绣锦　陈士旭　李　刚　汤进球　吕　晗

　　　　　胡　琼（荆州市创业职业中等专业学校）

　　　　　董劲松（武汉市第三职教中心）

　　　　　孟范辉　弓建海　李　奇　许家忠

　　　　　魏　超（张家口机械工业学校）

　　　　　朱　岸（武汉市机电工程学校）

　　　　　高元伟（辽宁省交通高等专科学校）

　　　　　雷小平（武汉市第二轻工业学校）

　　　　　李　丹（湖北科技职业学院）

前言 / FOREWORD

本套"职业教育改革创新示范教材",自2012年首次出版以来,多次重印,被全国多所中等职业院校选为汽车运用与维修专业教学用书,受到了广大师生的好评。

为了体现现代职业教育理念,贴近汽车运用与维修专业实际教学目标,促进"教、学、做"更好地结合,突出对学生技能的培养,使之成为技能型人才,2018年8月,人民交通出版社股份有限公司吸收教材使用院校的意见和建议,组织相关老师,经过认真充分研究和讨论,确定了修订方案,对本套教材进行了修订。

根据教学需求,本套教材对第一版的12个品种重新进行了整合,形成第2版的10个品种,其中,将《汽车发动机机械维修》与《汽车发动机电控系统维修》整合为《汽车发动机构造与维修》;将《汽车传动系统维修》《汽车制动系统维修》《汽车行驶系统与转向系统维修》整合为《汽车底盘构造与维修》;将《汽车车身维修技术》拆分为《汽车车身及附属设备》与《汽车钣金维修》;将《汽车涂装工艺》与《汽车涂装工艺工作页》合并为《汽车涂装工艺》。教材修订后,在结构和内容上与教学内容更加吻合,更注重对学生实践能力的培养。

结合读者反馈的意见以及专业课程结构的实际需要,在第一版的基础上重新编写了《汽车车身及附属设备》。本书以企业实际工作任务为依据构建知识和技能模块,突出技能训练和学习能力和培养。教材的内容编写具有以下特点:

(1)教材符合职业学校教学需求,根据职业学校学生实际接受能力、学校教学设备配置进行编写,课堂教学可操作性高。

(2)教材文字精练、通俗易懂、图文并茂、形象直观,教师好教、学生易学。

(3)教材理论内容"必需、够用",实操内容贴合企业生产一线,将知识传授、技能训练融为一体，充分体现"做中学、学中做"的职教思想。

  本教材由武汉市交通学校易昌盛、辽宁省交通高等专科学校高元伟担任主编，由张家口机械工业学校孟范辉、武汉市交通学校杨猛担任副主编。在教材编写过程中，参阅了大量的相关教材和相关文献，同时得到部分企业专家、职教专家和人民交通出版社股份有限公司的大力支持和帮助，在此一并表示感谢！

  限于编者水平，书中难免有疏漏和错误之处，恳请广大读者提出宝贵建议，以便进一步修改和完善。

职业教育改革创新示范教材编委会
2019 年 2 月

目录 / CONTENTS

学习任务一　车身结构的认知……………………………………………1
学习任务二　车身常用拆装工具的使用…………………………………15
学习任务三　前保险杠塑料装饰件的拆装与更换………………………30
学习任务四　前照灯的拆装与更换………………………………………51
学习任务五　发动机舱盖的拆装与更换…………………………………66
学习任务六　门锁机构的拆装与更换……………………………………83
学习任务七　电动玻璃升降器的拆装与更换……………………………99
学习任务八　电动后视镜的拆装与更换…………………………………113
学习任务九　电动刮水器的拆装与更换…………………………………122
学习任务十　前风窗玻璃的拆装与更换…………………………………140
学习任务十一　汽车座椅的拆装与更换…………………………………157
参考文献……………………………………………………………………175

学习任务一
车身结构的认知

学习目标

完成本学习任务后,你应当能:
1. 了解非承载式车身的特点;
2. 熟知承载式车身的连接关系和特点;
3. 介绍车身覆盖件、结构件的名称和特点。

建议完成本学习任务的时间为 **8 课时**。

学习任务描述

一辆高速行驶的轿车因避让前方故障车辆而撞上隔离墩,发生侧翻事故,你作为车身维修技术人员,维修前,需准确地识别车身覆盖件及结构件的损伤情况,并根据原厂技术标准,对损伤件作出维修或更换的正确选择。

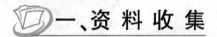

一、资料收集

引导问题 1 汽车车身有什么功用?

汽车车身所围成的空间是驾驶员的工作场所,也是载人载物的场所。车身的主要功用包括以下几点:
(1)为驾驶员提供良好的驾驶条件。
(2)可以隔离汽车行驶时的振动、噪声、废气以及恶劣气候的影响,为乘员提供安全、舒适的乘坐条件。

(3) 保证完好无损地运载货物且装卸方便。

(4) 保证行车安全和减轻事故后果。

(5) 有效引导周围的气流,提高汽车的动力性、燃料经济性和行驶稳定性,改善发动机的冷却条件和驾驶室内的通风。

 想一想

我觉得未来的汽车车身还应具备：_____
_____。

引导问题2　目前常见的车身结构是如何分类的？各有什么特点？

车身是汽车的基础,汽车上的大部分零部件都安装在车架或车身上。按车身受力情况或承载类型不同,目前常见的车身结构可分为非承载式车身和承载式车身两大类。

1　非承载式车身结构

图1-1所示为非承载式车身典型结构,由车架和车身组成。非承载式车身的车架与车身是相互独立的,发动机、变速器、悬架、转向系统等总成都直接安装在车架上。车身通常用螺栓固定在车架上,为了减少车厢内的噪声和振动,车身与车架之间除了放置特制橡胶块或弹簧钢板外,还安装了减振器,将振动减至最小。这种结构的车身大部分载荷几乎都由厚重的车架来承受,车身壳体不承受或只在很小程度上承受来自底架弯曲或扭曲变形所引起的部分载荷。非承载式车身广泛用于货车、大客车和专用汽车,有些高级轿车和SUV(包括越野车等)也采用这种结构的车身。

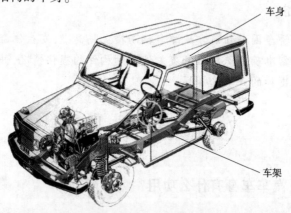

图1-1　非承载式车身

非承载式车身结构的优点：

(1) 减振效果好。由于车身与车架的连接件能吸收一部分由地面和发动机传来的振动和噪声,既延长了车身的使用寿命,又提高了乘坐的舒适性。

(2)简化工艺。车架和车身可以分开制造和装配好,然后总装在一起,既可简化制造、装配工艺,又便于专业化协作。

(3)易于改装。车架作为车身的基础,便于汽车各部件的安装,同时可以对车身进行改装,满足一些特定要求。

(4)安全系数高。由于车架有足够的坚固度,在汽车发生碰撞时,大部分冲击能量被车架吸收,能保持汽车其他部件的正常位置,车身变形小,对车身主体能起到很好的保护作用。

(5)通过性好。由于车架的存在,这类汽车普遍底盘较高,对于一些坑洼不平的道路,其通过性得到充分发挥,其视野条件也得到了很大改善。

(6)维修方便。一旦发生碰撞损伤,车身和车架可以分开单独维修,相对简化了维修难度。

非承载式车身的缺点:

(1)整车自重增加。由于车身很少承载,故车架必须保证有足够的强度和刚度,从而导致整车质量增加。

(2)行驶的稳定性变差。这类汽车的整体高度较高,上下车的方便性受到影响,更重要的是汽车的重心增高,使汽车高速行驶时的稳定性变差。

(3)成本增加。车架是汽车上最大且质量最大的部件,这不仅对冲压以及焊接设备的性能要求高,而且会使材料成本加大,增加了汽车制造的总成本。

我知道非承载式车身的汽车有:_____。

2 承载式车身结构

承载式车身又称整体式车身,没有独立的车架,车身代替车架来承受全部载荷,如图1-2所示。车身由很多厚薄不同的平板冲压成形状各异的构件,彼此以点焊的方式连接成一个整体的结构,任何部位发生碰撞时,车身都是以整体结构共同抵御。车身是其他所有零部件的安装本体。

承载式车身虽然没有独立的车架,但由于车身采用组焊等方式制成整体刚性框架,使整个车身都参与承载。这样,分散开来的承载力会分别作用于各个车身结构件上,车身整体刚度和强度同样能够得到保证。当车身整体或局部承受适度

图1-2 承载式车身

载荷时,壳体不易发生永久变形,根据能量守恒定律,整个车身壳体在极限载荷时也能始终处于稳定平衡状态。

承载式车身的优点:

(1)生产工艺性好。多工位机器人自动焊接等自动化生产方式的采用,大大减轻了人力的付出,因而生产效率高、质量得以保证,适合现代化大批量生产。

(2)行驶稳定性好。由于取消了车架,使得汽车的室内空间增大,整体高度、重心降低,高速行驶的稳定性得以提升。

(3)整车质量小。承载式车身没有"笨重"的车架,而是由许多薄钢板冲压成型并组焊成一体的,因此整车质量大大减小。

(4)安全性好。其设计理念来自"薄壳原理",具有均匀承受载荷并加以扩散的功能,对冲击能量的吸收性好。尽管当汽车发生碰撞时局部变形较大,但对乘员室的影响却相对较小,使汽车的安全保障性得到改善与提高。

承载式车身的缺点:

(1)易发生疲劳损伤。来自底盘部件与车身接合处在汽车运动载荷的冲击下,极易发生疲劳损伤。

(2)舒适性差。因为取消了车架,车身又是整体刚性连接,乘员室很容易受到来自汽车底盘的振动和噪声的影响,乘坐的舒适性变得较差。

(3)维修更困难。当碰撞程度相同时,承载式车身的损坏要比非承载式车身的损坏更为复杂,并且车身整体定位参数的变化,还会影响汽车的行驶性能。车身维修中对整体参数复原时,不仅难度大,而且需使用专用设备和测量手段。

想一想

我知道承载式车身的汽车有:＿＿＿＿＿＿＿＿＿＿＿＿＿＿＿＿＿＿＿＿＿＿＿＿＿＿＿＿＿＿＿。

引导问题3 常见的承载式车身有哪些类型?各有什么特点?

常见的承载式车身按驱动方式分为前置前驱(FF)车身和前置后驱(FR)车身。

1 前置前驱(FF)车身

如图1-3所示,前置前驱是指发动机前置、前轮驱动的车身结构。由于没有传动轴,乘坐室的空间可以加大。同时发动机、变速驱动桥、前悬架和操纵装置都设置在车身前部,车身前部部件承受载荷比较大,所以前置前驱的车身前部强度与前置后驱的有很大不同。

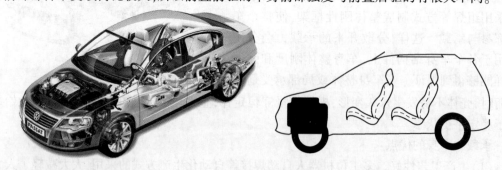

图1-3 前置前驱车身结构

前置前驱车身各部分的构成及特点如下：

（1）前置前驱的前车身结构件由散热器支架、前纵梁、前挡泥板、前横梁、前围板等构成，如图 1-4 所示。前车身的精度对于前轮定位有直接影响，因此在完成前车身维修以后，一定要检查前轮的定位参数是否符合原厂标准。

（2）前置前驱的中车身结构件由底板、底板纵梁、加强梁、底板横梁等构成，如图 1-5 所示。底板纵梁用高强度钢制成，位于乘坐室两侧下端，又称门槛板内板。由于前置前驱车身没有中间的传动轴，车底板拱起空间没有前置后驱车辆大，因此，能够提供较大的腿部活动空间。

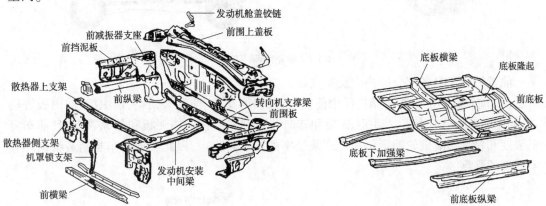

图 1-4 前置前驱前车身结构件 　　　　图 1-5 前置前驱中车身结构件

（3）前置前驱的后车身结构件上部由后围板、后侧板、后轮罩内板、后轮罩外板等构成，如图 1-6 所示；下部由行李舱底板、后底板横梁和后纵梁等构成，如图 1-7 所示。因其前置前驱燃油箱又安装在中间底板下面，这使后纵梁的高度比后轮驱动汽车的低。当发生后尾碰撞时，对后轮定位的影响比后轮驱动汽车要大得多。因此，每次在后车身维修完成后都应当检查后轮的定位。

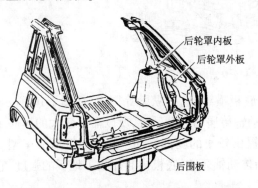 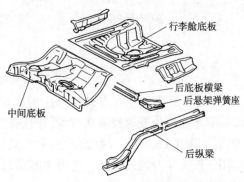

图 1-6 前置前驱后车身的上部结构件 　　　图 1-7 前置前驱后车身的下部结构件

2 前置后驱（FR）车身

如图 1-8 所示，前置后驱的车身被分成 3 个主要部分：前车身、中车身（乘坐室）和后车身。发动机、传动装置、前悬架和操纵系统装在前车身,差速器和后悬架装在后车身。中车身的底板上焊接有纵梁和横梁,有很高的强度和刚度,可以保证汽车运行的需要。

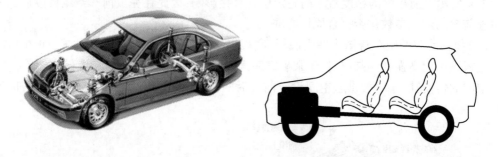

图1-8 前置后驱车身结构

前置后驱车身各部分的构成及特点如下:

(1)前置后驱的前车身结构件由前横梁、散热器支架、前悬架横梁、前纵梁、前围板等构成,如图1-9所示。由于发动机、悬架和转向装置都安装在前挡泥板和前纵梁上,且前车身的强度和精度影响前轮的定位和传到乘坐室的振动与噪声,因此要求前车身制造精确并具有较高的强度。

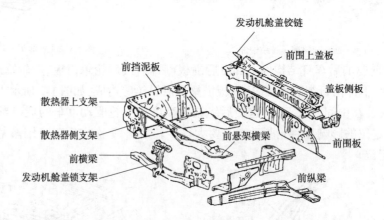

图1-9 前置后驱前车身结构件

(2)前置后驱的中车身结构件由前底板、底板横梁、底板纵梁等构成,如图1-10所示。前置后驱车身因为变速器纵向放置,并且有传动轴传递动力至后方,所以需要较大的车底拱起空间,如图1-11所示。因此,乘坐室内只能提供较小的腿部活动空间。前置后驱车型一般适用于较大车身的轿车上。底板中间拱起为传动轴通道,底板拱起加强了地板的强度,它能阻止底板扭曲。

(3)前置后驱的后车身结构件上部由后围上盖板、后轮罩、后围板等构成,如图1-12所示;下部由行李舱底板、后部底板横梁和后纵梁等构成,如图1-13所示。后纵梁从后排座下边到接近后桥处并上弯延伸到后桥。此弯曲结构像前纵梁一样,可以吸收后部碰撞时的能量。另外后纵梁后段和后纵梁是分开的,以方便维修车身时更换作业。

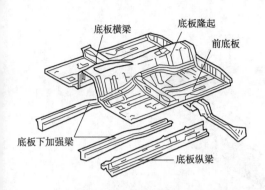

图1-10 前置后驱中车身结构件

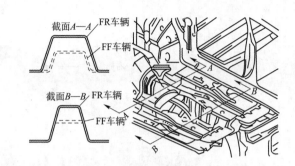

图1-11 车身底部隆起部位对比

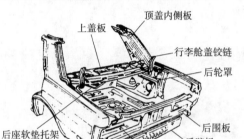

图1-12 前置后驱后车身的上部结构件

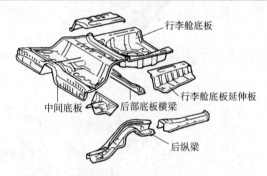

图1-13 前置后驱后车身的下部结构件

 想一想

前置前驱与前置后驱在结构上的相同点是：_____；
不同点是：_____。

引导问题4 什么是车身覆盖件？什么是车身结构件？

如图1-14所示，车身覆盖件是指用钢板或塑料板冲压或模制，用来覆盖发动机、底盘，构成驾驶室和车身的异形体表面零部件。属于这类钣金件的有发动机舱盖、翼子板、车门、车顶盖等，它们都是由0.7～1.5mm厚度的冷轧薄钢板经过冲压模具压延成型得到的各种异形薄壳覆盖钣金件。这些薄壳覆盖钣金件相互衔接或过渡，既遮盖了车体内部的"杂乱和丑陋"，又充分表达出设计师对汽车外在造型上的美学追求。

如图1-15所示，车身结构件是指构成汽车底盘、车架、车身骨架等主要用于承载的构件。属于这类钣金件的有车架、车身骨架、横梁、纵梁等，它们在外形上大都是由厚度3mm以下的薄钢板经过以弯曲为主的冲压变形而成的大大小小的U形件、C形件、Z形件，或者是由圆管经过拉拔滚轧而成的方形、矩形空心钢构件。它们的共同特点是单重承载大、刚度好、节省原材料，能大大降低车身自重。它们经过相互对接组焊成为一整体桁架结构，形成车身的承载体系。

学习任务一 车身结构的认知

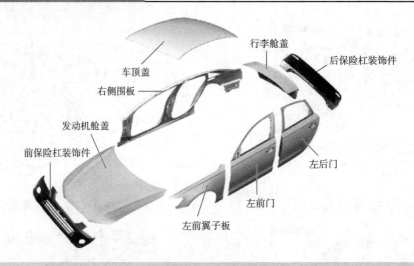

图 1-14　车身覆盖件

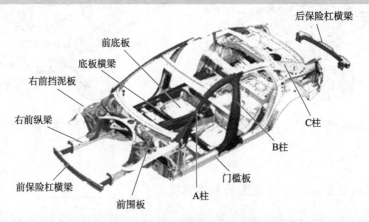

图 1-15　车身结构件

二、任务实施

引导问题 5　作业需要哪些工具、设备和材料？

(1) 雪佛兰科鲁兹轿车(或其他车型车辆)、承载式白车身。
(2) 手套、清洁抹布等辅料。
(3) 雪佛兰科鲁兹轿车(或其他车型车辆)维修手册。

引导问题 6　怎样正确识别车身覆盖件和结构件？

(1) 穿好防护用品，如图 1-16 所示。

图 1-16　穿好防护用品

（2）仔细观察车辆，并根据图 1-17～图 1-19 的要求填写各类车身覆盖件名称。

图 1-17　车辆前部

图 1-17 中所示：
①为_____；
②为_____；
③为_____；
④为_____；
⑤为_____。

图 1-18　车辆侧面

图1-18中所示：
⑥为_____；
⑦为_____；
⑧为_____；
⑨为_____。

图1-19　车辆后部

图1-19中所示：
⑩为_____；
⑪为_____；
⑫为_____；
⑬为_____；
⑭为_____。

（3）仔细观察承载式白车身，并根据图1-20～图1-22的要求填写各类车身结构件名称。

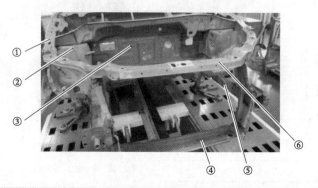

图1-20　前部结构件

图1-20中所示：
①为_____；
②为_____；
③为_____；
④为_____；
⑤为_____；
⑥为_____。

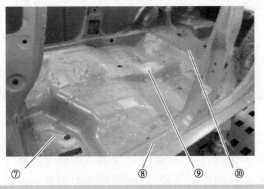

图 1-21　侧面结构件

图 1-21 中所示：
⑦为_____；
⑧为_____；
⑨为_____；
⑩为_____。

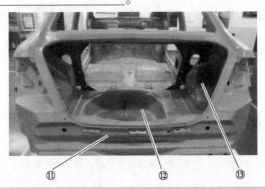

图 1-22　后部结构件

图 1-22 中所示：
⑪为_____；
⑫为_____；
⑬为_____。

（4）分组讨论、介绍各部件连接关系及特点。
（5）教师总结点评。

三、学习拓展

引导问题 7 ▶ 汽车车身在设计时应首先考虑什么？

随着我国汽车工业的迅猛发展，汽车保有量的日益增加，城市交通环境日益拥挤，致使交通事故频发。既然车辆在使用过程中无法避免发生碰撞，那么就得考虑怎样控制碰撞产生的后果。随着科学的进步，造车理念也在发生变化，生命的价值高于一切，汽车制造行业也逐渐将车身的安全性能放在最重要的地位。

> **引导问题8** 车身的安全性能主要取决于什么？如何有效保护乘员安全？

车身的安全性能，它主要取决于车身结构、焊接工艺等多种因素。出于对车内乘员的安全考虑，从力学研究的角度出发，是不应该把碰撞的巨大能量转嫁于乘员身上的。所以车身设计应该做到的就是：该柔软的地方柔软，该刚硬的地方刚硬。也就是让车体的前部或后部在碰撞时吸收大部分能量，而让坚固的乘员室尽量减少变形以避免乘员受到挤压，遵守能量守恒定律。

为有效地保护乘员的安全，车身结构在整车上应符合"两端软、中间硬"的原则，以保证纵向碰撞发生时，车身前部或后部吸收主要的碰撞能量。为此，可以通过合理分配力流（图1-23）和增加局部吸收碰撞能量的能力（图1-24）达到此目的。

图1-23　合理分配碰撞力的传递方向和路线

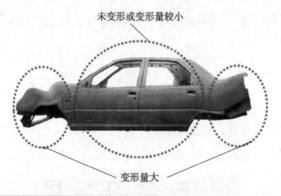

图1-24　前、后吸能措施的应用

> **引导问题9** 缓冲吸能区的目的是什么？具体措施有哪些？

为了控制二次损坏变形，汽车在前部和后部都设计了缓冲吸能区，其目的是人为制造构件的薄弱环节,在受到撞击时,它们就会按照预定的形式折曲,这样碰撞力在传递过程中就被大大减小直至消散。中部车身有很高的刚度,把前部(或后部)吸能区不能完全吸收而传过来的能量传递到车身的后部(或前部),引起远离碰撞点部件的变形,从而保证中部乘员室的结构完整及安全。

如图1-25所示,车身"吸能区"设计的具体措施有：

(1)弯型引导区(上弯结构)。
(2)波纹引导区(波纹结构)。
(3)冲孔结构。
(4)渐缩型横截面结构。

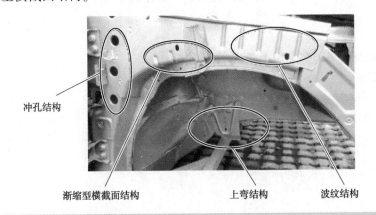

图1-25　车身"吸能区"的具体措施

四、评价与反馈

(1)对本学习任务进行评价,评价项目和标准见表1-1。

评　分　表　　　　　　　　　　　　　表1-1

考核项目	评分标准	分数	学生自评 (×系数0.1)	小组互评 (×系数0.2)	教师评价 (×系数0.7)	小计
工作态度	是否积极主动、认真负责	10				
团队合作	(1)是否能相互协助; (2)是否能顾全大局	10				
操作过程	(1)是否做了作业前的准备工作; (2)车身覆盖件的识别是否正确; (3)车身结构件的识别是否正确	45				
安全规范	是否违规操作	10				
任务完成情况	是否圆满完成	10				

续上表

考核项目	评分标准	分数	学生自评（×系数0.1）	小组互评（×系数0.2）	教师评价（×系数0.7）	小计
现场5S管理	是否在整个工作过程中贯穿5S	10				
知识与能力拓展	是否具有自学与发展能力	5				
总分		100				
教师签名：			年 月 日		得分：	

（2）通过本学习任务的学习，你有哪些收获？还存在哪些不足？

（3）为什么现代轿车多采用承载式车身结构？

学习任务二
车身常用拆装工具的使用

学习目标

完成本学习任务后,你应当能:
1. 熟知各类车身常用拆装工具的特点及用途;
2. 正确、规范使用各类车身常用拆装工具。

建议完成本学习任务的时间为 4 课时。

学习任务描述

在汽车车身装配、改装及日常维修中,经常需要拆装车身相关附属设备。因此,学会正确、规范使用各类车身拆装工具是顺利完成工作的关键。

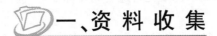

一、资料收集

引导问题 1 车身常用拆装工具都有哪些?

现代汽车维修靠的是"三分技术,七分工具",由此可见,正确选用工具并规范使用对汽车维修来说是何等重要。让我们一起来看看车身常用的拆装工具都有哪些吧!

1 套筒

套筒不能单独使用,只能与其配套的专门扳手共同使用。使用套筒扳手不易损坏螺母的棱角且方便灵活、安全可靠,因此,常作为拆装时的首选工具。

1)普通套筒

普通套筒表面呈银白色、短管状,一端内部呈六角形或十二角形,用来套住螺栓或螺母(图2-1);另一端有一个正方形的头孔,该头孔常用来与配套扳手的方榫配合(图2-2)。按所拆卸螺栓的力矩和使用的工作环境不同,可将套筒分为大、中、小3个系列,并以配套手柄方榫的宽度来区分(图2-3)。

2)冲击套筒

冲击套筒表面呈灰黑色,形状与普通套筒类似(图2-4)。冲击套筒需专门配套气动冲击扳手使用,如使用普通套筒,气动冲击扳手在工作时会产生瞬间强力冲击,可能会损坏套筒。

图2-1 六角形和十二角形普通套筒

图2-2 与专门扳手配合的方孔

图2-3 大小不同的套筒

图2-4 冲击套筒

3)特殊套筒

(1)长套筒:六角形长套筒的深度比普通套筒要深2~3倍,是汽车维修工作中最常用的改型套筒之一(图2-5)。

(2)六角花形套筒:花形套筒是专门用来拆卸花形螺栓头螺栓的。在拆卸时,花形套筒可与这种螺栓头实现面接触,并采用曲面结构,在缩小体积的同时可增加拆卸力矩(图2-6)。

图2-5 长套筒

图2-6 六角花形套筒

(3)旋具套筒:旋具套筒与配套手柄配合,组合成各式各样的螺丝刀或六角扳手,用来拆卸螺栓头为特殊形状的螺栓或拧紧力矩过大的小螺钉(图2-7)。

图2-7 旋具套筒

2 扳手

扳手是汽车维修中最常用的一种工具,主要用于扭转螺栓、螺母或带有螺纹的零件。如果扳手选用不当或使用不当,不但会造成工件和扳手损坏,还可能引发危及人身安全方面的事故。因此,正确地选用扳手显得尤为重要。

1)梅花扳手

梅花扳手两端呈花环状,其内孔是由2个正六边形相互同心错开30°而成(图2-8)。很多梅花扳手都有弯头,常见的弯头角度为10°~45°,从侧面看旋转螺栓部分和手柄部分是错开的(图2-9)。这种结构方便拆卸和装配在凹陷空间的螺栓、螺母,并可以为手指提供操作间隙,以防擦伤。

图2-8 梅花扳手正面

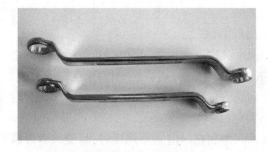

图2-9 梅花扳手侧面

2)开口扳手

开口扳手两头均为U型的钳口,可套住螺栓或螺母六角的两个对向面(图2-10)。开口扳手主要适用于无法使用套筒扳手和梅花扳手操作的位置。因为有些螺栓或螺母必须从横侧插入,此时开口扳手可以做到,而梅花扳手则不行。开口扳手的钳口与手柄存在一定的角度,这样可以通过反转开口扳手来增加适用空间。

3)活动扳手

活动扳手又称可调扳手,适用于尺寸不规则的螺栓、螺母,它能在一定范围内任意调节开口尺寸。一个活动扳手可用来代替多个开口扳手,活动扳手由固定钳口和可调钳口两部分组成,活动扳手的开度大小通过调节螺杆进行调整(图2-11)。

图 2-10 开口扳手

图 2-11 活动扳手

4）棘轮扳手

棘轮手柄是最常见的套筒手柄，按所拆卸螺栓的力矩和使用的工作环境不同，可将棘轮扳手分为大、中、小 3 个系列（图 2-12）。

5）扭力扳手

扭力扳手主要用于有规定拧紧力矩值的螺栓和螺母的装配，常用的扭力扳手有指针式和预置力式两种（图 2-13）。

图 2-12 棘轮扳手

图 2-13 扭力扳手

6）两用扳手

两用扳手又称组合扳手，是把梅花扳手和开口扳手组合在一起，一端为开口端，另一端为梅花端（图 2-14），这种组合扳手使用起来十分方便。在紧固螺栓过程中，可先使用开口端把螺栓旋到底，再使用梅花端完成最后的紧固，而拧松时则先使用梅花端。

7）内六角扳手

拆卸内六角和花形内六角螺栓时，除旋具套筒头外，还可以使用专用内六角扳手和花形内六角扳手，此类扳手多为 L 型（图 2-15）。

图 2-14 两用扳手

图 2-15 内六角扳手

3 螺丝刀

螺丝刀俗称起子,主要用于旋拧小力矩、头部开有凹槽的螺栓和螺钉。

1)一字螺丝刀

一字螺丝刀用于单个槽头的螺钉拆装,如图 2-16 所示。

2)十字螺丝刀

十字螺丝刀用于带十字槽头的螺钉拆装,如图 2-17 所示。

3)星形螺丝刀

星形螺丝刀用于内六角梅花星形的螺钉拆装,如图 2-18 所示。

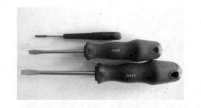

图 2-16　一字螺丝刀

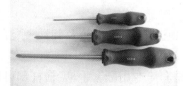

图 2-17　十字螺丝刀

图 2-18　星形螺丝刀

4 钳子

应根据在汽车维修中所要达到的不同目的来选用不同种类的钳子,并且还要考虑工作空间的大小等因素。

1)钢丝钳

钢丝钳是最常见的一种钳子(图 2-19),它可以用来剪断金属丝或夹持零件。

2)尖嘴钳

尖嘴钳的钳口长而细(图 2-20),特别适合在狭窄空间里使用。

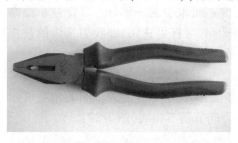

图 2-19　钢丝钳

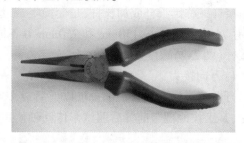

图 2-20　尖嘴钳

3)斜口钳

斜口钳又称剪钳(图 2-21),主要用于剪切金属丝或导线。

4)鲤鱼钳

鲤鱼钳又称鱼嘴钳(图 2-22),主要用于夹持、弯曲和扭转工件。鲤鱼钳的手柄一般较长,可通过改变支点上槽孔的位置来调节钳口张开的程度。

5)大力钳

大力钳有双杠杆作用,能通过钳爪给工件施加一个较大的夹紧力(图 2-23)。钳爪的开口尺寸可通过手柄末端的滚花螺钉来调节。向外旋松调整螺钉时,钳口张开的尺寸增大;向里旋拧调整螺钉时,钳口张开的尺寸将减小。

图 2-21　斜口钳　　　　　图 2-22　鲤鱼钳　　　　　图 2-23　大力钳

5 其他工具

1)旋柄

旋柄也是套筒配套手柄,它可以与套筒头及旋具头配合,与螺丝刀手柄类似(图 2-24)。

2)滑杆

滑杆又称滑动 T 型杆,是套筒专用配套手柄,横杆部可以滑动调节(图 2-25)。

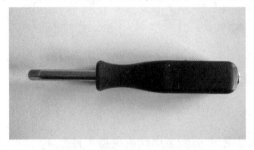 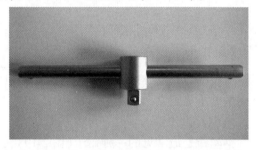

图 2-24　旋柄　　　　　　　　　　　图 2-25　滑杆

3)接杆

接杆又称延长杆或加长杆,是套筒类成套工具不可缺少的一部分。日常汽车维修工作中,有 75 mm、125mm、150mm 和 250mm 等不同长度的接杆供选用,即我们常说的长接杆和短接杆(图 2-26)。

4)万向接头

万向接头的方形套头部分可以前后或左右移动,配套手柄和套筒之间的角度可以自由变化,其工作原理与前置后驱汽车传动轴使用的万向节基本相同(图 2-27)。

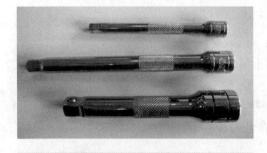 

图 2-26　接杆　　　　　　　　　　　图 2-27　万向接头

想一想

我知道的车身拆装工具还有：_____
_____。

引导问题2 如何规范使用车身拆装工具？

1 套筒的使用方法及注意事项

将套筒套在配套手柄的方榫上（图2-28），视需要与长接杆、短接杆或万向接头配合使用，再将套筒套住螺栓或螺母，左手握住套筒处，保持套筒与所拆卸或紧固的螺栓同轴，右手握住配套手柄加力（图2-29）。在使用套筒的过程中，左手握紧套筒处，切勿摇晃，以免套筒滑出或损坏螺栓、螺母的棱角。朝向自己的方向用力，可防止滑脱造成手部受伤。

图2-28　安装套筒

图2-29　套筒的正确使用

在选用套筒时，必须使套筒与螺栓、螺母的形状及尺寸完全适合，若选择不正确，则套筒在使用时极有可能打滑，从而损坏螺栓、螺母（图2-30）。

不要使用出现裂纹或已损坏了的套筒。这种套筒会引起打滑，从而损坏螺栓、螺母的棱角。禁止用锤子将套筒击入变形的螺栓、螺母六角形端部进行拆装，避免损坏套筒（图2-31）。

图2-30　套筒与螺栓尺寸不一致

图2-31　禁止用锤子敲打套筒

2 扳手的使用方法及注意事项

1）棘轮扳手的使用

通过调整锁紧机构可改变其旋转方向：将锁紧机构手柄调到左边，可以单向顺时针拧紧螺栓或螺母；将锁紧机构手柄调到右边，可以单向逆时针松开螺栓或螺母（图2-32）。

棘轮手柄使用方便但不够结实。不要使用棘轮扳手对螺栓或螺母进行最后的拧紧,另外,严禁对棘轮手柄施加过大的力矩,否则会损坏内部的棘爪结构。有些专业棘轮扳手设计有套筒锁止及快速脱落功能,只需单手操作,可防止在使用过程中,套筒或接杆脱落(图2-33)。

图2-32　锁紧机构手柄的调节　　　　　　图2-33　套筒锁止及快速脱落功能

2)扭力扳手的使用

使用指针式扭力扳手时,应注意左手在握住扳手与套筒连接处时,不要碰到指针杆,否则会造成读数不准(图2-34)。

预置力式扭力扳手可通过旋转手柄,预先调整设定力矩(图2-35),达到设定力矩时,该扳手会发出警告声响以提示用户。

图2-34　指针式扭力扳手的正确使用　　　　　图2-35　预先设定力矩

当听到"咔哒"声响后,立即停止旋力以保证力矩正确,当扳手设在较低力矩值时,警告声可能很小,所以应特别注意。在使用扭力扳手拧紧时要用左手握住套筒,并保持扭力扳手的方榫部及套筒垂直于紧固件所在平面;右手握紧扭力扳手手柄,向自己这边扳转(图2-36)。禁止向外推动工具,以免滑脱而造成身体伤害。

图2-36　扭力扳手的正确使用

拧紧螺栓、螺母时,不能用力过猛,不可施加冲击力矩。当旋紧阻力不断增加时,旋转的速度应相应放缓,以免损坏螺纹。当扭力过大时,禁止在扭力扳手的手柄上再加装套管或用锤子捶击。切勿在达到预置扭力后继续加力,如继续加力,会使扭力大大超出预设值,除对扳手造成严重损害外,还会损坏螺栓、螺母。

3)梅花扳手的使用

在使用梅花扳手时,一只手按住梅花扳手与螺栓连接处,保持梅花扳手与螺栓完全配合,防止滑脱,另一只手握住梅花扳手另一端并加力(图2-37)。

扳转时,严禁将加长的管子套在扳手上以延伸扳手的长度增加力矩,严禁捶击扳手以增加力矩,否则会造成工具的损坏。

4)开口扳手的使用

选择开口扳手时,要根据螺栓头部的尺寸来确定合适的型号,并确保钳口的直径与螺栓头部直径相符,配合无间隙(图2-38),然后才能进行操作。

图2-37 梅花扳手的正确使用

图2-38 选择合适的开口扳手

使用时,先将开口扳手套住螺栓或螺母六角的两个对向面,确保扳手与螺栓完全配合后才能施力。施力时,一只手按住开口扳手与螺栓连接处,并确保扳手与螺栓完全配合后,另一只手大拇指抵住扳头,另外四指握紧扳手柄部往身边拉动(图2-39)。当螺栓、螺母被扳转到极限位置后,将扳手取出并重复前面的过程。

禁止使用开口扳手拆卸大力矩螺栓,并且使用开口扳手时放置的位置不能太高或只夹住螺母头部的一小部分(图2-40),否则会在紧固或拆卸过程中造成打滑,从而损坏螺栓、螺母或扳手,甚至会造成身体受伤。

图2-39 开口扳手的正确使用

图2-40 开口扳手错误的使用方法

5)活动扳手的使用

使用活动扳手时应先将活动扳手调整合适,使活动扳手钳口与螺栓、螺母两对向面完全贴紧，不应存在间隙（图2-41）。

使用时，要使活动扳手的可调钳口部分受推力，固定钳口受拉力，只有这样施力，才能保证螺栓、螺母及扳手本身不被损坏（图2-42）。

图2-41　活动扳手钳口完全贴紧螺栓头

图2-42　活动扳手的正确使用

如果按照这种方法转动扳手（图2-43），会使压力作用在调节螺杆上，在施力时促使钳口变大，将损坏螺栓、螺母的棱角和扳手本身。

图2-43　活动扳手错误的使用方法

3　螺丝刀的使用方法及注意事项

选用螺丝刀时，应先保证螺丝刀头部的尺寸与螺钉的槽部形状完全配合，选用不当会严重损坏螺丝刀（图2-44）。

使用螺丝刀时，应右手握住螺丝刀，手心抵住柄端，螺丝刀与螺钉的轴心必须保持同轴，压紧后用手腕扭转，拆卸时螺钉松动后用手心轻压螺丝刀柄端，并用拇指、食指、中指快速旋转手柄（图2-45）。

图2-44　螺丝刀使用不当造成损坏

图2-45　螺丝刀的正确使用

4 钳子的使用方法及注意事项

使用钢丝钳时,用手握住钳柄后端,使钳口开闭,钳口前端主要用于夹持各种零件,根部的刃口可用来剪切铁丝或导线(图2-46)。

严禁用钳子代替扳手来拧紧或拧松螺母、螺栓,以免损坏螺栓、螺母的六角形端部棱角(图2-47)。

图2-46 钢丝钳刃口可用来剪切铁丝

图2-47 钳子错误的使用方法

严禁把钳子当锤子使用,否则会造成钳子本身的损坏(图2-48)。

使用大力钳时,钳爪的开口尺寸可通过手柄末端的滚花螺钉来调节。向外旋松调整螺钉时,钳口张开的尺寸增大;向里旋拧调整螺钉时,钳口张开的尺寸将减小(图2-49)。

图2-48 严禁把钳子当锤子使用

图2-49 大力钳钳口大小的调节

当大力钳夹紧物体时,如果想释放被夹持的物体,扳压一下释放手柄,在杠杆力的作用下,钳口将会释放工件(图2-50)。

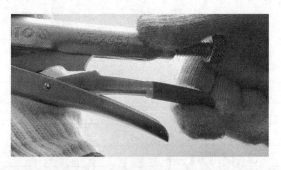

图2-50 大力钳钳口的释放方法

学习任务二 车身常用拆装工具的使用

 想一想

同时拆卸螺栓、螺母时需要使用的工具是：_____。

二、任务实施

引导问题3 车身修理作业需要哪些工具、设备和材料？

(1)车身拆装工具。
(2)雪佛兰科鲁兹轿车(或其他车型车辆)。
(3)手套、清洁抹布等辅料。

引导问题4 怎样正确、规范使用车身拆装工具？

(1)穿好防护用品(图1-16)。
(2)仔细观察车身拆装工具,并根据图2-51的要求填写各工具的名称及规范使用方法。

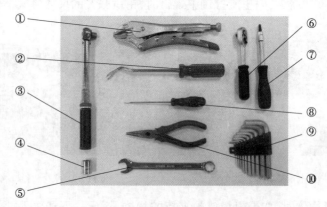

图2-51 常见车身拆装工具

图2-51中所示：
①为_____,使用方法是_____
_____;
②为_____,使用方法是_____
_____;
③为_____,使用方法是_____
_____;
④为_____,使用方法是_____
_____;

⑤为_____,使用方法是_____
_____;
⑥为_____,使用方法是_____
_____;
⑦为_____,使用方法是_____
_____;
⑧为_____,使用方法是_____
_____;
⑨为_____,使用方法是_____
_____;
⑩为_____,使用方法是_____
_____。

(3)分组在实车上操作各类拆装工具。
(4)分组讨论工具使用的注意事项。
(5)教师总结点评。

三、学习拓展

引导问题5 车身附属设备的拆装还会用到哪些专用工具?

1 塑料卡扣拆卸器

塑料卡扣拆卸器(图2-52)只用来拆卸塑料卡扣或塑料铆钉。使用时,将塑料卡扣拆卸器的凹槽部分对准卡扣或铆钉帽檐下部慢慢撬起,直至取下塑料卡扣或塑料铆钉,如图2-53、图2-54所示。

图2-52 塑料卡扣拆卸器

图2-53 塑料卡扣拆卸器拆卸塑料卡扣

图2-54 塑料卡扣拆卸器拆卸塑料铆钉

2 刮水臂拆卸器

刮水臂拆卸器(图2-55)是专门用来拆卸刮水臂的。由于刮水臂与刮水连杆结构属于花键连接方式,因此,在取下刮水臂时正确的做法是竖直向上用力拔下,不正确的拆卸方法都会导致花键磨损。使用刮水臂拆卸器时一端顶住螺柱头，另一端勾住刮水臂下部，利用作用力与反作用力的关系，可轻松取下刮水臂，如图2-56所示。

图2-55　刮水臂拆卸器

a)

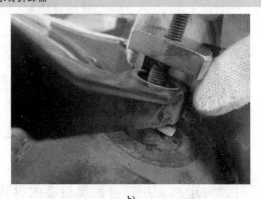

b)

图2-56　刮水臂拆卸器的正确使用

四、评价与反馈

（1）对本学习任务进行评价，考核项目和评分标准见表2-1。

评　分　表　　　　　表2-1

考核项目	评分标准	分数	学生自评 （×系数0.1）	小组互评 （×系数0.2）	教师评价 （×系数0.7）	小计
工作态度	是否积极主动、认真负责	10				
团队合作	（1）是否能相互协助； （2）是否能顾全大局	10				
操作过程	（1）是否做了作业前的准备工作； （2）车身拆装工具的识别是否正确； （3）车身拆装工具的使用是否正确	45				

续上表

考核项目	评分标准	分数	学生自评 (×系数0.1)	小组互评 (×系数0.2)	教师评价 (×系数0.7)	小计
安全规范	是否违规操作	10				
任务完成情况	是否圆满完成	10				
现场5S管理	是否在整个工作过程中贯穿5S	10				
知识与能力拓展	是否具有自学与发展能力	5				
总分		100				
教师签名：			年 月 日		得分：	

（2）通过本学习任务的学习，你有哪些收获？还存在哪些不足？

（3）不规范使用拆装工具会带来哪些严重后果？

学习任务三
前保险杠塑料装饰件的拆装与更换

学习目标

完成本学习任务后,你应当能:
1. 了解汽车保险杠的作用;
2. 识别前保险杠的主要组成零部件;
3. 熟知汽车塑料件的分类和特点;
4. 规范拆装、调整前保险杠。

 建议完成本学习任务的时间为 **12** 课时。

 学习任务描述

　　一辆雪佛兰科鲁兹轿车由于车速较快,不慎与前方车辆发生了追尾事故,造成该车辆前保险杠破损与变形,你作为车身维修技术人员,需要对此次事故进行维修并更换前保险杠等部件。

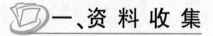

一、资 料 收 集

 引导问题1 汽车保险杠有什么作用?

　　汽车保险杠是吸收缓和外界冲击力、防护车身前后部的安全装置。早些年前,轿车前后保险杠是以金属材料为主,用厚度为 3mm 以上的钢板冲压成 U 型槽钢,表面进行镀铬处理,与车架纵梁铆接或焊接在一起,与车身有一段较大的间隙,好像是一件附加上去的部件。现在的轿车前后保险杠除了保持原有的保护功能外,还追求与车体造型的和谐、统一,追求本身的轻量化。为了达到该目的,目前轿车的前后保险杠均采用外部覆盖塑料装饰件,也被称为塑料保险杠装饰件。其具体作用如下。

1 保护作用

当汽车发生纵向碰撞时,前保险杠(前保险杠横梁、前保险纵梁、前保险杠塑料装饰件)能吸收缓和外界冲击力、保护车身,使之损失较小,同时通过缓冲使人的伤害程度也大大降低。

2 装置作用

在前保险杠塑料装饰件上,可以装置灯具、雷达探测头、牌照架及牌照等物件。

3 美化作用

从外观上看,可以很自然地与车体结合在一块,浑然成一体,具有很好的装饰性,成为装饰轿车外形的重要部件。

4 提高空气动力特性

随着轿车向高速化发展,前保险杠不仅有吸能和装饰作用,其形状、尺寸及安装位置等与车身造型的最佳配合,也是降低整车空气阻力、提高空气动力的重要因素。

> **引导问题 2** 汽车塑料件是如何分类的?

塑料在汽车上的应用发展很快,从最初的内饰件和小零件,发展到可替代金属来制造各种机械配件和车身板件,既可获得汽车轻量化的效果,又可改善汽车的某些性能,如耐磨、防腐、减振、降噪等。随着汽车工业的发展,塑料的应用越来越受到重视。

塑料的种类很多,按其热性能不同,可分为热固性塑料和热塑性塑料两大类。

1 热固性塑料

热固性塑料开始时以液体形式存在,在受热和使用催化剂的情况下发生化学反应。随着加热的进行,塑料中的树脂分子不断增大,最后达到硬化。硬化后如果再加热,它就不会再软化了。因而此材料多用于制作一次性成型不需要修复的零件。这类塑料耐热性好,受压不易变形,但力学性能较差,修复时只能粘结不能焊接,但可以在无气流焊机上进行"焊合"。

2 热塑性塑料

热塑性塑料较为常见,塑料受热时会软化具有热塑性,冷却时会硬化,重复加热和冷却,不会改变其性质,但它的性能会有所下降。这类塑料可以利用它受热软化和冷却硬化的特性,制成各种形状的零部件。修复时可在塑料焊机上焊接,也可粘结。

学习任务三　前保险杠塑料装饰件的拆装与更换

引导问题3 　前保险杠塑料装饰件的安装位置在哪？由哪些主要零部件组成？

前保险杠塑料装饰件安装在发动机舱最前方，与车身结合为一体。雪佛兰科鲁兹轿车的前保险杠塑料装饰件主要是由前保险杠表皮、上格栅、下格栅、前雾灯等组成，如图3-1所示。

图3-1　前保险杠结构

二、任务实施

引导问题4 　作业需要哪些工具、设备和材料？

（1）小棘轮扳手、长接杆、7mm套筒、T15螺丝刀、小规格一字螺丝刀、专用厚薄规，如图3-2所示。

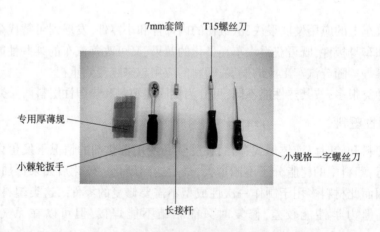

图3-2　使用工具

（2）雪佛兰科鲁兹轿车(或其他车型车辆)、举升机。
（3）脚垫、座椅套、转向盘套、变速杆手柄套、驻车制动器操纵杆套、前翼子板防护垫。
（4）纸胶带、手套、清洁抹布等辅料。
（5）雪佛兰科鲁兹轿车(或其他车型车辆)维修手册。

引导问题5　作业前的准备工作有哪些？

（1）穿好防护用品（图1-16）。
（2）车辆进入修理工位前，将工位清理干净，准备好相关的工具和材料，如图3-3所示。

图3-3　作业前的工位清理

 小　提　示

培养良好的工作习惯，做好事前准备，有利于安全操作和提高工作效率。

（3）将车辆停驻在举升机中央位置，如图3-4所示。

图3-4　车辆停驻在举升机中央位置

 小　提　示

将车辆停驻在举升机中央位置，为车辆的安全举升做好准备。

（4）将变速杆置于空挡或驻车挡（P挡）位置，如图3-5所示；拉起驻车制动器操纵杆，如图3-6所示。

学习任务三 前保险杠塑料装饰件的拆装与更换

图3-5 变速杆置于空挡或驻车挡

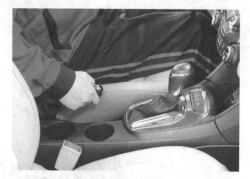

图3-6 拉起驻车制动器操纵杆

小提示

为保证车辆在工位上的可靠停驻,防止出现溜滑,造成安全事故。因此,要将变速杆置于空挡或驻车挡(P挡)位置,同时拉紧驻车制动器操纵杆。

(5)安装座椅套、转向盘套、变速杆手柄套、驻车制动器操纵杆套、铺设脚垫,如图3-7～图3-11所示。

图3-7 安装座椅套

图3-8 安装转向盘套

图3-9 安装变速杆手柄套

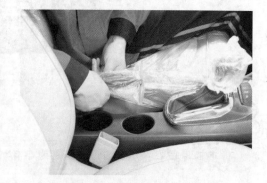

图3-10 安装驻车制动器操纵杆套

图 3-11 铺设脚垫

为防止污物弄脏驾驶室,需对驾驶室进行简单的防护。

(6)拉动发动机舱盖开启拉索,拨开安全锁;取下发动机舱盖支撑杆,将发动机舱盖可靠支撑,如图 3-12~图 3-15 所示。

图 3-12 拉动发动机舱盖开启拉索

图 3-13 拨开安全锁

图 3-14 取下发动机舱盖支撑杆

图 3-15 将发动机舱盖可靠支撑

(7)安装左、右前翼子板防护垫,如图3-16、图3-17所示。

图3-16　安装左前翼子板防护垫　　　　图3-17　安装右前翼子板防护垫

(8)对前保险杠塑料装饰件及前翼子板处粘贴防护胶带,如图3-18、图3-19所示。

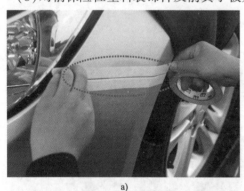

a)　　　　　　　　　　　　　　　b)

图3-18　粘贴左右两侧防护胶带

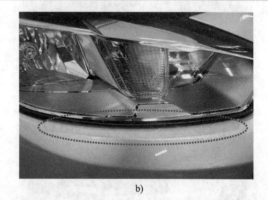

a)　　　　　　　　　　　　　　　b)

图3-19　粘贴前照灯处防护胶带

小提示

为了防止操作过程中不小心划伤车身油漆,需对相关覆盖件进行有效防护。

引导问题6 　　怎样规范地拆装前保险杠塑料装饰件？

1 拆卸前保险杠塑料装饰件

1）拆卸前保险杠塑料装饰件上部固定螺钉

图3-20所示为前保险杠塑料装饰件上部固定螺钉的安装位置，用T15螺丝刀拆下固定螺钉共4个（图3-21）。

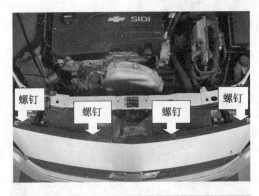

图3-20　前保险杠塑料装饰件上部固定螺钉安装位置

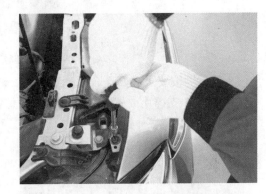

图3-21　拆卸上部固定螺钉

2）拆卸前保险杠塑料装饰件左右两侧固定螺钉

（1）将前轮向一个方向转至最大角度，以便拆卸左右两侧固定螺钉，如图3-22所示。

（2）使用T15螺丝刀拆卸前挡泥板与前保险杠塑料装饰件的固定螺钉共6个（一侧各3个），如图3-23所示。

图3-22　前轮转至最大角度

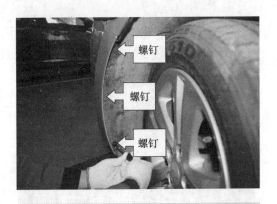

图3-23　拆卸前挡泥板与前保险杠塑料装饰件固定螺钉

（3）将前挡泥板掰开，使用7mm套筒棘轮扳手拆卸前保险杠塑料装饰件与前翼子板的固定螺钉共2个（一侧各1个），如图3-24所示。

图3-24　拆卸前保险杠塑料装饰件与前翼子板固定螺钉

3）将车辆按要求举升至合适高度

（1）将4个支撑块放置在车辆指定举升位置，如图3-25所示。

a)

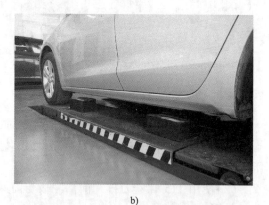

b)

图3-25　放置举升支撑块

（2）打开举升机电源开关（图3-26），按下上升按钮（图3-27），将车辆举升至150mm左右的高度，检查车辆是否平稳，如图3-28所示。

图3-26　向右旋转至电源开启状态

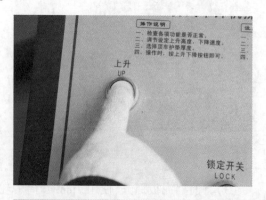

图3-27　按下举升按钮举升车辆

图 3-28 举升车辆至 150mm 左右停下检查

(3)继续举升车辆至合适高度并锁止,如图 3-29、图 3-30 所示。

图 3-29 举升车辆至合适高度

图 3-30 按下锁定开关锁止车辆

小 提 示

在使用举升机之前一定要先阅读说明书。参阅具体车辆的维修信息,找出推荐的车辆举升点位置。车辆的中心应靠近举升机的中心,以免车辆失衡落下。如果听到异响,则表明车辆可能没有正确支撑,应降下车辆并重新对正车辆和举升机,再确保安全钩锁止,保证举升机和车辆不会落下。

4)拆卸前保险杠塑料装饰件底部固定螺钉

图 3-31 所示为前保险杠塑料装饰件底部固定螺钉的位置,使用 7mm 套筒棘轮扳手拆下 4 个固定螺钉(图 3-32)。

5)撬开固定卡夹

降下车辆,用小规格一字螺丝刀小心撬开前保险杠塑料装饰件固定卡夹,如图 3-33 所示。

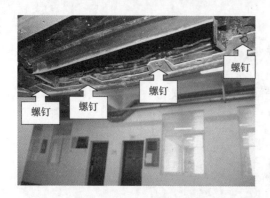

图 3-31　前保险杠塑料装饰件底部固定螺钉安装位置　　　图 3-32　拆卸底部固定螺钉

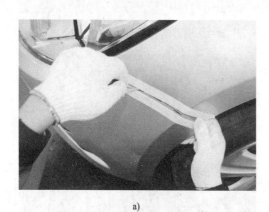

a)　　　　　　　　　　　　　　　　　　　　b)

图 3-33　撬开前保险杠塑料装饰件固定卡夹

6) 拆开前保险杠塑料装饰件

两人相互配合脱开前保险杠塑料装饰件，如图 3-34 所示。

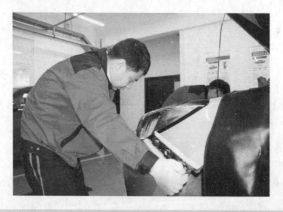

图 3-34　两人配合脱开前保险杠塑料装饰件

7) 断开线束插接器

断开线束插接器，取下前保险杠塑料装饰件总成，如图 3-35、图 3-36 所示。

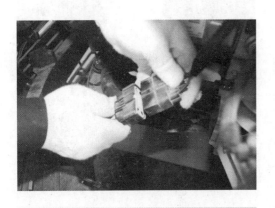 

图3-35　断开线束插接器　　　　　图3-36　取下前保险杠塑料装饰件总成

小提示

　　如果线束插接器连接较紧密时,可用一字螺丝刀顶住插接器卡夹,并将插接器与插座分离。为了不损伤油漆,前保险杠塑料装饰件取下后应垫上防护垫或放置在搁架上。

8)取下前保险杠塑料装饰件泡沫衬垫及前雾灯总成

(1)将前保险杠塑料装饰件泡沫衬垫从卡槽中脱开并取下,如图3-37所示。

图3-37　取下前保险杠塑料装饰件泡沫衬垫

(2)断开前雾灯插头(图3-38),用7mm套筒棘轮扳手拆下前雾灯3个固定螺钉(一侧),取下前雾灯总成,如图3-39所示。

(3)逆时针转动前雾灯灯泡底座,取下灯泡,如图3-40、图3-41所示。

学习任务三 前保险杠塑料装饰件的拆装与更换

图3-38 断开前雾灯插头

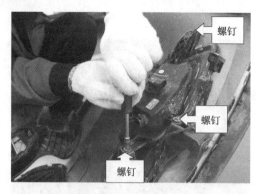

图3-39 拆卸前雾灯固定螺钉

图3-40 逆时针转动前雾灯灯泡底座

图3-41 取下前雾灯灯泡

2 安装与调整前保险杠塑料装饰件

（1）安装前保险杠塑料装饰件泡沫衬垫及前雾灯总成等附属件并接好前雾灯插头。

（2）将前保险杠塑料装饰件线束插接器与插座连接牢靠，如图3-42所示。

（3）两人配合将前保险杠塑料装饰件安装在车身上（图3-43），注意不要划伤前保险杠塑料装饰件侧边油漆。

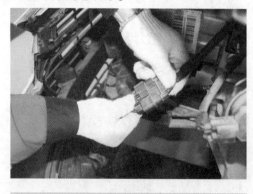

图3-42 插接器与插座连接牢靠

图3-43 两人配合安装前保险杠

（4）安装前保险杠上部固定螺钉，如图3-44所示。

(5)安装前保险杠左右两侧固定螺钉,如图3-45所示。

图3-44 安装前保险杠上部固定螺钉

图3-45 安装前保险杠两侧固定螺钉

(6)安装前保险杠底部固定螺钉,如图3-46所示。

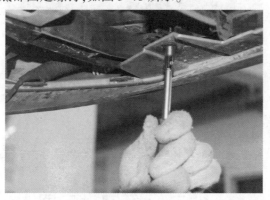

图3-46 安装前保险杠底部固定螺钉

 小 提 示

安装螺钉时必须按照维修手册标注的拧紧力矩拧紧!

(7)取下防护胶带(图3-47),使用专用厚薄规调整前保险杠各部分间隙面差(图3-48)。

图3-47 取下防护胶带

图3-48 使用专用厚薄规调整间隙面差

学习任务三 前保险杠塑料装饰件的拆装与更换

> 调整前保险杠的间隙面差时,必须符合维修手册中标注的允许的误差值!

(8) 打开车辆电源开关,检查前雾灯是否点亮。
(9) 整理清洁工位,如图3-49所示。

图3-49 整理清洁工位

> 良好的工作环境能使我们感到愉悦,也有利于安全操作和提高工作效率。

三、学习拓展

引导问题7 后保险杠由哪些主要零部件组成?

雪佛兰科鲁兹轿车的后保险杠主要由后保险杠表皮、后保险杠下护板、倒车雷达探测器、反光板等组成,如图3-50所示。

图3-50 后保险杠结构

| 引导问题8 | 怎样规范地拆装后保险杠？ |

1 拆卸后保险杠

（1）对后保险杠及后翼子板处粘贴防护胶带，如图3-51所示。

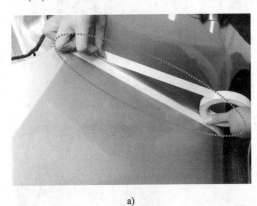 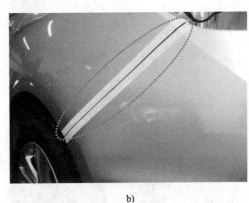

a) b)

图3-51 粘贴左右两侧防护胶带

（2）拆卸后尾灯总成。

①打开后翼子板内装饰垫，逆时针旋下后尾灯固定螺母共4个（一侧为2个），如图3-52所示。

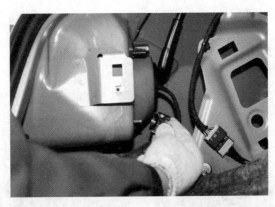

图3-52 拆卸后尾灯固定螺母

②拔出后尾灯总成（图3-53），断开插头（图3-54），取下后尾灯总成。

（3）拆卸后保险杠左右两侧固定螺钉。

①使用T15棘轮扳手拆下后挡泥板与后保险杠的固定螺钉共6个（一侧为3个），如图3-55所示。

②使用7mm套筒棘轮扳手拆下后保险杠与后翼子板的固定螺钉共2个（一侧为1个），如图3-56所示。

学习任务三 前保险杠塑料装饰件的拆装与更换

图 3-53 拔出后尾灯总成

图 3-54 断开后尾灯插头

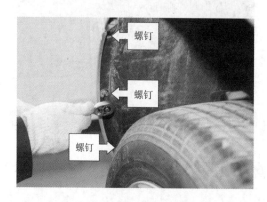

图 3-55 拆卸后挡泥板与后保险杠固定螺钉

图 3-56 拆卸后保险杠与后翼子板固定螺钉

（4）将车辆按要求举升至合适高度。

①将 4 个支撑块放置在车辆指定举升位置，如图 3-57 所示。

a)

b)

图 3-57 放置举升支撑块

②打开举升机电源开关（图 3-58），按下上升按钮（图 3-59），将车辆举升至 150mm 左右的高度，检查车辆是否平稳，如图 3-60 所示。

图3-58　向右旋转至电源开启状态

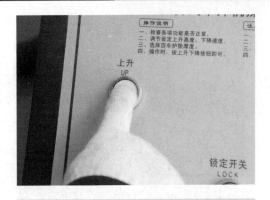

图3-59　按下上升按钮举升车辆

图3-60　举升车辆至150mm左右的高度停下检查

③继续举升车辆至合适高度并锁止,如图3-61、图3-62所示。

图3-61　举升车辆至合适高度

图3-62　按下锁定开关锁止车辆

(5)用塑料卡扣拆卸器拆下后保险杠底部2个塑料铆钉,如图3-63、图3-64所示。
(6)拆卸后保险杠底部固定螺钉和固定螺母。
①使用7mm套筒棘轮扳手拆下底部固定螺钉共2个,如图3-65所示。
②使用10mm套筒棘轮扳手拆下后保险杠底部固定螺母共2个,如图3-66所示。
(7)降下车辆,用小规格一字螺丝刀小心撬开后保险杠固定卡夹,如图3-67所示。

学习任务三 前保险杠塑料装饰件的拆装与更换

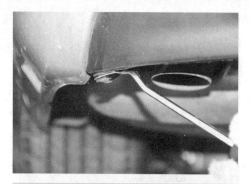

图3-63 拆卸后保险杠底部左侧塑料铆钉

图3-64 拆卸后保险杠底部右侧塑料铆钉

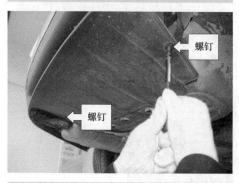

图3-65 拆卸后保险杠底部固定螺钉

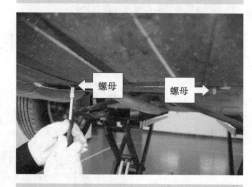

图3-66 拆卸后保险杠底部固定螺母

a)

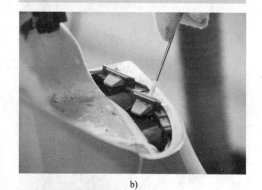

b)

c)

图3-67 撬开后保险杠固定卡夹

(8)两人相互配合脱开后保险杠,如图3-68所示。

(9)断开后保险杠线束插接器,取下后保险杠总成,如图3-69、图3-70所示。

图3-68　两人配合脱开后保险杠

图3-69　断开线束插接器

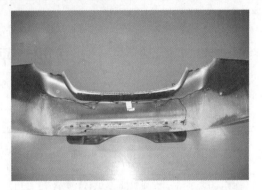

图3-70　取下后保险杠总成

(10)拆卸倒车雷达探测器。

①断开倒车雷达探测器插头,如图3-71所示。

图3-71　断开倒车雷探测器插头

②脱开固定卡夹,取下倒车雷达探测器,如图3-72、图3-73所示。

学习任务三 前保险杠塑料装饰件的拆装与更换

图 3-72 脱开探测器固定卡夹

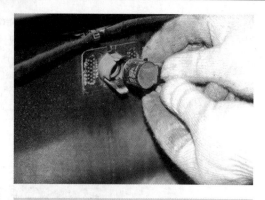

图 3-73 取下倒车雷达探测器

2 安装与调整后保险杠

按照与拆卸相反的顺序进行规范安装与调整，其方法与前保险杠的方法类似，这里不再赘述。

四、评价与反馈

（1）对本学习任务进行评价，见表 3-1。

评 分 表　　　　　　　　　　　表 3-1

考核项目	评分标准	分数	学生自评 （×系数0.1）	小组互评 （×系数0.2）	教师评价 （×系数0.7）	小计
工作态度	是否积极主动、认真负责	10				
团队合作	（1）是否能相互协助； （2）是否能顾全大局	10				
操作过程	（1）是否做了作业前的准备工作； （2）前保险杠的拆装是否正确； （3）前保险杠的调整是否正确	45				
安全规范	是否违规操作	10				
任务完成情况	是否圆满完成	10				
现场5S管理	是否在整个工作过程中贯穿5S	10				
知识与能力拓展	是否具有自学与发展能力	5				
总分		100				
教师签名：			年　月　日			得分：

（2）通过本学习任务的学习，你有哪些收获？还存在哪些不足？

（3）简述前保险杠的调整方法。

学习任务四
前照灯的拆装与更换

学习目标

完成本学习任务后,你应当能:
1. 叙述前照灯的作用及其分类;
2. 识别前照灯的主要组成零部件;
3. 掌握灯光组合开关的使用;
4. 规范拆装前照灯;
5. 正确更换前照灯灯泡。

建议完成本学习任务的时间为 16 课时。

学习任务描述

　　一个丁字路口,一辆由南向北直行的雪佛兰科鲁兹轿车与一辆急速左转的五菱宏光轿车发生碰撞,虽采取了紧急制动,但还是造成雪佛兰科鲁兹轿车的前部轻微受损,前照灯破裂。你作为车身维修技术人员,需要对此次事故进行维修并更换前照灯总成。

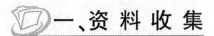

引导问题1　汽车前照灯有什么作用?

　　汽车在夜间或能见度较低的条件下行驶,很容易发生交通事故。前照灯可以为驾驶员在夜间及能见度较低的情况下提供道路照明,还可以通过声、光等信号向其他车辆的驾驶员

学习任务四　前照灯的拆装与更换

和行人发出警告,以引起注意,确保车辆行驶的安全。

 想一想

我知道常见的能发出提醒或警示的车灯有:_____
_____。

引导问题2　前照灯是如何分类的?

　　汽车的前照灯一般有白炽灯、卤素灯、氙气灯等类型。随着汽车技术的不断发展,过去那种白炽真空灯已被淘汰。现在汽车的前照明灯以卤素灯、氙气灯为主。

　　普通白炽灯通过灯内的金属钨在真空环境下发光所获得照度,但是金属钨在真空环境下通电产生光的同时也产生钨蒸气,造成亮度逐渐下降,灯光越用越暗。因此,目前普通白炽灯在市面上已不多见。

　　卤素灯,就是在灯泡内渗入少量的惰性气体"碘",从灯丝蒸发出来的钨原子与碘原子相遇后进行反应,生成碘化钨化合物,当碘化钨化合物一接触白热化的灯丝(温度超过1450℃),又会分解还原为钨和碘,钨又重新归队回到灯丝中去,碘则重新进入气体中。如此循环不已,灯丝几乎不会烧断,灯泡也不会发黑,所以它要比传统的白炽灯寿命更长,亮度更大。现在的汽车普遍采用的都是这种前照灯。

　　氙气灯,英文简称是HID。它所发出的光亮度是普通卤素灯的2倍,而能耗仅为其2/3,使用寿命可达普通卤素灯的10倍。氙气灯极大地增加了驾驶的安全性与舒适性,还有助于缓解人们夜间行驶的紧张与疲劳。驾车人可在第一时间内发现危险,从而获得足够的反应时间,很大程度减少了夜间事故发生率。从市场上看,氙气前照明灯将会成为市场的主流。

引导问题3　前照灯安装位置在哪? 由哪些主要零部件组成?

　　前照灯安装在汽车头部两侧,前保险杠上面。雪佛兰科鲁兹轿车的前照灯主要由前照灯总成、近光灯泡、转向灯泡、位置灯泡、远光灯泡等组成,如图4-1所示。

图4-1　前照灯结构

汽车车身及附属设备

引导问题 4 ▶ 灯光组合开关的使用方法是怎样的？

　　2014 款雪佛兰科鲁兹轿车灯光组合开关的使用方法如下。
　　起动发动机或将车钥匙拧到电源挡位（图 4-2），通过顺时针旋转灯光组合开关来逐步实现位置灯、近光灯的开启（图 4-3、图 4-4）；将灯光组合开关的手柄朝前拨一下，即可转换远光或近光，如图 4-5 所示。

图 4-2　开启车辆电源

图 4-3　开启位置灯

图 4-4　开启近光灯

图 4-5　开启远光灯

小提示

　　只有在位置灯或近光灯开启的状态下，才能通过向前拨动灯光组合开关手柄来实现远光灯的开启。

　　在位置灯、近光灯或远光灯开启时，通过按下前、后雾灯按钮来逐步实现前雾灯、后雾灯的开启，如图 4-6、图 4-7 所示。

前照灯的拆装与更换

学习任务四　前照灯的拆装与更换

图 4-6　开启前雾灯　　　　　　　图 4-7　开启后雾灯

 小提示

只有在位置灯、近光灯或远光灯开启的状态下，才能开启前雾灯和后雾灯。在关闭位置灯时，前、后雾灯会跟随位置灯的关闭而自动关闭。

向下按灯光组合开关手柄，则左转向灯闪亮，向上抬灯光组合开关手柄，则右转向灯闪亮，如图 4-8、图 4-9 所示。

图 4-8　开启左转向灯　　　　　　　图 4-9　开启右转向灯

 小提示

汽车转向时灯光组合开关手柄按指示方向越过限位点，转向开关手柄会随转向盘回正而自动回位。若车辆在危险报警灯已开始工作的状态下行驶，对转向灯操作是无效的。

二、任务实施

引导问题 5　作业需要哪些工具、设备和材料？

（1）小棘轮扳手、长接杆、7mm 套筒、T15 螺丝刀、小规格一字螺丝刀、专用厚薄规，如

图4-10所示。

(2)雪佛兰科鲁兹轿车(或其他车型车辆)、举升机、灯光调整仪。

(3)脚垫、座椅套、转向盘套、变速杆手柄套、驻车制动器操纵杆套、前翼子板防护垫。

(4)纸胶带、手套、清洁抹布等辅料。

(5)雪佛兰科鲁兹轿车(或其他车型车辆)维修手册。

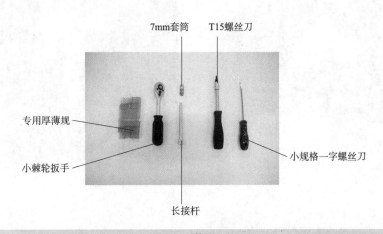

图4-10 使用工具

引导问题6 作业前的准备工作有哪些?

(1)穿好防护用品(图1-16)。

(2)车辆进入修理工位前,将工位清理干净,准备好相关的工具和材料(图3-3)。

(3)将车辆停驻在举升机中央位置(图3-4)。

(4)将变速杆置于空挡或驻车挡(P挡)位置;拉起驻车制动器操纵杆(图3-5、图3-6)。

(5)安装座椅套、转向盘套、变速杆手柄套、驻车制动器操纵杆套,铺设脚垫(图3-7~图3-11)。

(6)拉动发动机罩开启拉索,拨开安全锁;取下发动机罩支撑杆,将发动机罩可靠支撑(图3-12~图3-15)。

(7)安装左、右前翼子板防护垫(图3-16、图3-17)。

(8)对前保险杠及前翼子板处粘贴防护胶带(图3-18、图3-19)。

引导问题7 怎样规范地拆装前照灯?

1 拆卸前照灯

(1)安全规范地拆卸前保险杠(拆卸前保险杠的方法在前面章节已作详细描述,这里不再赘述)。

(2)拆卸前照灯。

①使用10mm套筒棘轮扳手将固定前照灯的5个螺钉拆下,如图4-11所示。

②用小规格一字螺丝刀撬开前照灯上支架固定卡夹(图4-12),断开前照灯线束插接器(图4-13),取下前照灯。

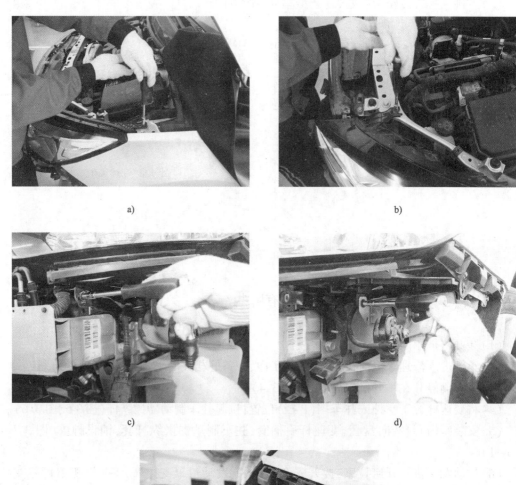

图4-11 拆卸前照灯固定螺钉

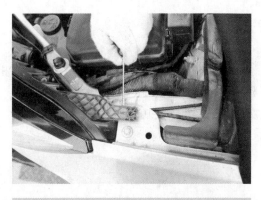
图4-12 撬开固定卡夹

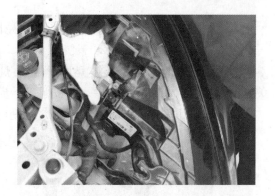
图4-13 断开前照灯线束插接器

2 安装前照灯

（1）安装好前照灯线束插接器。
（2）将前照灯按正确的安装位置放置在车身上，用螺钉将其固定。

小 提 示

安装螺钉时必须按照维修手册标注的拧紧力矩拧紧！

（3）两人相互配合，将前保险杠装配并调整到位。
（4）打开车辆电源开关，检查灯光是否点亮，如图4-14所示。
（5）调整灯光光束至正常标准。
（6）整理清洁工位，如图4-15所示。

图4-14 检查灯光是否点亮

图4-15 整理清洁工位

小 提 示

良好的工作环境能使我们感到愉悦，也有利于安全操作和提高工作效率。

引导问题 8　怎样判别前照灯不亮的故障原因？

前照灯不亮的原因主要有：熔断丝熔断；灯泡中的钨丝熔断；灯光组合开关出现故障；相关电路断路等。在实际检修中一般按照以下步骤进行：

（1）查阅相关维修手册，检查前照灯熔断丝是否熔断，如图 4-16 所示。

　　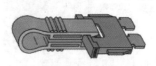

　　a）好　　　　　　b）坏　　　　　　c）熔断丝拆装夹钳

图 4-16　检查熔断丝是否熔断

（2）正确拆下灯泡，对着光线较好的地方检查灯泡钨丝是否熔断，如图 4-17 所示。

图 4-17　仔细检查灯泡钨丝是否熔断

（3）拆下灯光组合开关，用万用表检查其是否损坏。
（4）检查相关电路是否存在断路情况。

　小　提　示

在某些使用条件下，如空气湿度大或洗车后，在前照灯玻璃内表面可能会出现薄薄的一层水汽，开灯行驶一段时间后通常会慢慢消失。如果使用一段时间后水汽依然存在，则要检查前照灯的密封情况。切不可让前照明灯内部积水过多，否则会损坏灯泡并易引起导线短路而造成线路烧蚀。

引导问题 9　怎样规范地更换前照灯灯泡？

（1）近光灯泡的更换。
①一只手扶住前照灯总成，另一只手逆时针转动近光灯防尘罩，取下防尘罩，如图 4-18 所示。

汽车车身及附属设备

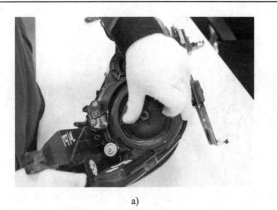

图4-18　取下近光灯防尘罩

②用手握住近光灯灯座逆时针转动使之分离，取下近光灯灯座并小心拔出灯泡，如图4-19所示。

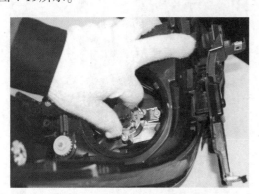
a)

b)

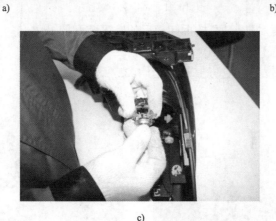
c)

图4-19　取下近光灯灯泡

③安装灯泡时注意对准卡槽，按拆卸相反的顺序装配即可。
（2）转向灯泡的更换。
①逆时针转动转向灯防尘罩，取下防尘罩，如图4-20所示。

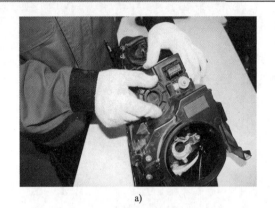
a)
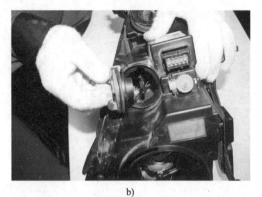
b)

图 4-20　取下转向灯防尘罩

②拔出转向灯泡并取下灯泡，如图 4-21 所示。

a)
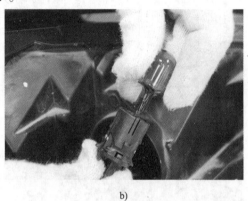
b)

图 4-21　取下转向灯灯泡

③安装灯泡时注意对准卡槽，按拆卸相反的顺序装配即可。

（3）远光灯泡/位置灯泡的更换。

①拆下远光灯泡/位置灯泡防尘罩，如图 4-22 所示。

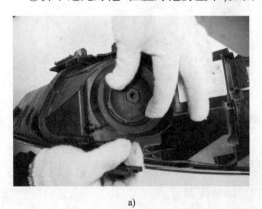
a)

b)

图 4-22　取下远光灯泡/位置灯泡防尘罩

②拔下远光灯插头,按压钢丝卡夹的头部并松开卡夹,取下远光灯泡,如图 4-23 所示。

a)

b)

c)

图 4-23　取下远光灯泡

③拔出位置灯泡并取下灯泡,如图 4-24 所示。

a)

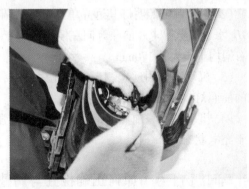
b)

图 4-24　取下位置灯泡

④安装灯泡时注意对准卡槽,按拆卸相反的顺序装配即可。

学习任务四 前照灯的拆装与更换

小 提 示

更换卤素灯泡时,应关灯后等待几分钟,待灯泡冷却后再进行更换,千万不要用手直接触摸灯泡,小心被烫伤!可使用没有绒毛的布包裹灯泡,取下灯泡。由于前照灯总成的外壳是塑料件,为了不损坏前照灯外壳并延长其使用寿命,只能使用防紫外线的灯泡。

三、学习拓展

引导问题 10 前照灯灯光为何需要调整?其光束照射位置要求是什么?

1 前照明灯光调整的必要性

汽车照明系统是否进行正确的指向调整,不仅关系实际的照射效果,也关系车辆行驶的安全。大街上经常能看到一些车的近光灯调得很高,使对面车辆产生炫光,非常影响安全。同时,如果不能正确调节前照灯指向,也会影响前照灯的照射范围以及路面的照射效果。即使是更换一些升级的卤素灯泡,也最好检查一下前照灯是否指向正确,因为灯丝位置的细微变化,也会导致前照灯光型的巨大变化。

2 前照明灯光束照射位置要求

(1)机动车在检验前照灯的近光光束照射位置时,前照灯在距离屏幕10m处,光束明暗截止线转角或中点的高度应为$0.6H \sim 0.8H$(H为前照明灯基准中心高度),其水平方向位置向左、向右偏差均不得超过100mm。

(2)四灯制前照明灯其远光单光束灯的调整,要求在屏幕上光束中心离地高度为$0.85H \sim 0.9H$,水平位置要求左前照灯向左偏不得大于100mm,向右不得大于170mm;右前照灯向左或向右偏均不得大于170mm。

(3)机动车装用远光和近光双光束灯时,以调整近光光束为主。对于只能调整远光单光束的前照灯,调整远光单光束。

(4)机动车每只前照灯的远光光束发光强度应达到相应的要求。测试时,其电源系统应处于充电状态。

引导问题 11 如何正确检查与调整前照灯光束?

1 使用前照灯调整仪检查灯光光束

将轮胎气压正常的空车停放在平坦的场地上,在驾驶室内乘坐一名驾驶员或将75kg的重物放在驾驶员位置上,使车辆前部按要求平行对准前照灯检测仪,按功能键选择需要测试的灯光进行检测,如图4-25所示。

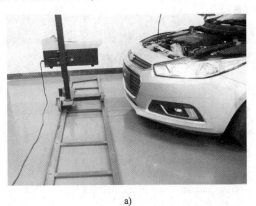
a)

b)

图4-25 使用前照灯检测仪检测灯光

 小提示

对于带有高度可调悬架的车辆,应在调整前照灯灯光前将车辆高度调节到最低;对于带有手动可调前照灯的车辆,应将其高度调节到"0"位置,如图4-26所示。

图4-26 将灯光高度调节到"0"位置

❷ 借助幕墙检查灯光光束

将轮胎气压正常的空车,停放在平坦的场地上,在驾驶室内乘坐一名驾驶员或将75kg的重物放在驾驶员位置上,使车辆前部对幕墙保持一定的距离(正面相对10m),如图4-27所示。

学习任务四　前照灯的拆装与更换

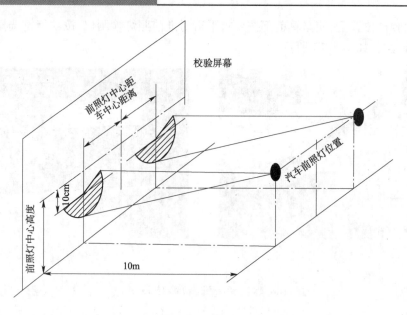

图4-27　前照灯光束位置示意图

3 调整灯光光束

打开灯光开关，调整其光束。首先，垂直调整对光（图4-28），使用合适的工具转动对光螺钉A，顺时针转动对光螺钉A可使前照灯对光上移，逆时针转动对光螺钉A则可使前照灯对光下移，最终使主光束（光度最高点）处于规定高度。其次，水平调整对光（图4-29），顺时针转动对光螺钉B可使前照灯对光左移，逆时针转动对光螺钉B则可使前照灯对光右移。

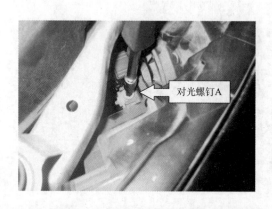

图4-28　垂直调整灯光

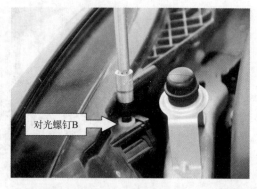

图4-29　水平调整灯光

四、评价与反馈

（1）对本学习任务进行评价，见表4-1。

评 分 表 表4-1

考核项目	评分标准	分数	学生自评（×系数0.1）	小组互评（×系数0.2）	教师评价（×系数0.7）	小计
工作态度	是否积极主动、认真负责	10				
团队合作	(1)是否能相互协助； (2)是否能顾全大局	10				
操作过程	(1)是否做了作业前的准备工作； (2)前照灯的拆装是否正确； (3)各类灯泡的更换是否正确	45				
安全规范	是否违规操作	10				
任务完成情况	是否圆满完成	10				
现场5S管理	是否在整个工作过程中贯穿5S	10				
知识与能力拓展	是否具有自学与发展能力	5				
总分		100				

教师签名：　　　　　　　　　　　　　年　　月　　日　　　得分：

(2)通过本学习任务的学习，你有哪些收获？还存在哪些不足？

(3)有时前照灯里会出现薄薄的一层水汽，需要更换前照灯吗？为什么？

学习任务五
发动机舱盖的拆装与更换

学习目标

完成本学习任务后,你应当能:
1. 了解发动机舱盖的作用;
2. 识别发动机舱盖的主要组成零部件;
3. 规范拆装与调整发动机舱盖。

 建议完成本学习任务的时间为 **10** 课时。

 学习任务描述

大风天气,某小区楼下停放的一辆雪佛兰科鲁兹轿车不慎被高楼吹落的花盆砸中。经认定,该发动机舱盖受损面积较大、程度较深,已无维修价值,需更换新的发动机舱盖。你作为车身维修技术人员,需要对此次事故进行维修并更换新的发动机舱盖总成。

一、资料收集

引导问题 1 发动机舱盖有哪些作用?

发动机舱盖位于前风窗玻璃的前方,其总成在结构上一般由外板和内板组成,中间夹以隔热材料,内板起到增强刚性的作用,其几何形状由厂家选取,基本上是骨架形式。发动机舱盖开启时一般是向后翻转,也有小部分是向前翻转。向后翻转的发动机舱盖打开至预定角度,与前风窗玻璃的最小间距约为10mm。

发动机舱盖的作用主要有以下几点。

1 空气导流

对于在空气中高速运动物体,气流在运动物体周边产生的空气阻力和扰流会直接影响运动轨迹和运动速度,通过发动机舱盖外形可有效调整空气相对汽车运动时的流动方向和对车产生的阻碍力作用,减小气流对车的影响。通过导流,空气阻力可分解成有益力,力大于前轮轮胎对地的力,有利于车的行驶稳定。

2 保护发动机及周边管线配件

发动机舱盖下,都是汽车重要的组成部分,包括发动机、电路、油路、制动系统以及传动系统等,对车辆至关重要。通过提高发动机舱盖的强度,可充分防止冲击、腐蚀、雨水及电干扰等不利影响,充分保护车辆的正常工作。

3 美观

车辆外观设计是车辆价值的一个直观体现,发动机舱盖作为整体外观的一个重要组成部分,有着至关重要的作用,赏心悦目,体现整体汽车的概念。

4 辅助驾驶视觉

驾驶员在驾驶汽车过程中,前方视线和自然光的反射对驾驶员正确判断路面和前方状况至关重要,通过发动机舱盖的外形可有效调整反射光线方向和形式,从而降低光线对驾驶员的影响。

5 防止意外

发动机工作在高温、高压、易燃环境下,存在由于过热或者零件意外损坏而发生爆炸或者是燃烧、泄漏等事故,发动机舱盖可有效阻挡因爆炸引起的伤害,起到防护的作用。有效阻隔空气和阻止火焰的蔓延,降低燃烧风险和损失。

6 特殊用途平台

特种车辆中,可利用高强度发动机舱盖作为工作平台,起到支撑作用。

想一想

我觉得未来的发动机舱盖还应具备:_____
_____。

引导问题2 发动机舱盖由哪些主要零部件组成?

发动机舱盖总成由内板、外板和加强梁组成。雪佛兰科鲁兹轿车的发动机舱盖主要还包括发动机舱盖隔音垫、铰链及锁闩等,如图5-1所示。

学习任务五　发动机舱盖的拆装与更换

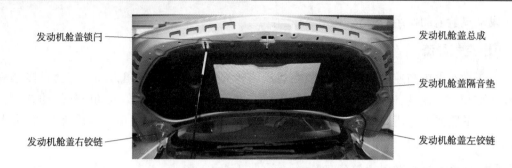

图5-1　发动机舱盖结构

二、任务实施

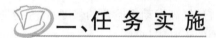

（1）小棘轮扳手、长接杆、13mm 套筒、小规格一字螺丝刀、塑料卡扣拆卸器、专用厚薄规，如图5-2 所示。

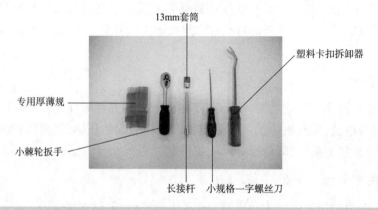

图5-2　使用工具

（2）雪佛兰科鲁兹轿车（或其他车型车辆）。

（3）脚垫、座椅套、转向盘套、变速杆手柄套、驻车制动器操纵杆套、前翼子板防护垫、前保险杠防护垫。

（4）手套、清洁抹布等辅料。

（5）雪佛兰科鲁兹轿车（或其他车型车辆）维修手册。

引导问题4　作业前的准备工作有哪些？

（1）穿好防护用品（图1-16）。

（2）车辆进入修理工位前，将工位清理干净，准备好相关的工具和材料（图3-3）。

（3）将车辆停驻在举升机中央位置（图3-4）。

（4）将变速杆置于空挡或驻车挡（P挡）位置；拉起驻车制动器操纵杆（图3-5、图3-6）。

（5）安装座椅套、转向盘套、变速杆手柄套、驻车制动器操纵杆套，铺设脚垫（图3-7～图3-11）。

（6）拉动发动机舱盖开启拉索，拨开安全锁；取下发动机舱盖支撑杆，将发动机舱盖可靠支撑（图3-12～图3-15）。

（7）安装左、右前翼子板防护垫（图3-16、图3-17）。

（8）安装前保险杠防护垫，如图5-3所示。

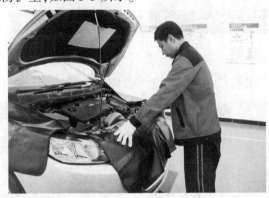

图5-3　安装前保险杠防护垫

引导问题5　如何规范地拆装发动机舱盖？

1 拆卸发动机舱盖

（1）使用塑料卡扣拆卸器拆下发动机舱盖隔音垫塑料卡扣共10个，取下隔音垫，如图5-4、图5-5所示。

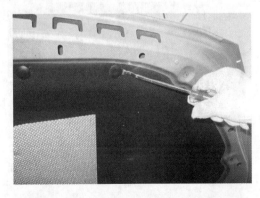

图5-4　拆卸发动机舱盖隔音垫塑料卡扣

图5-5　取下发动机舱盖隔音垫

（2）使用小规格一字螺丝刀撬开橡胶输液软管固定卡夹，拔出软管，如图5-6、图5-7所示。

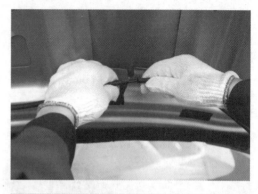

图5-6 撬开橡胶输液软管固定卡夹　　　　　图5-7 拔出输液软管

（3）用记号笔在发动机舱盖铰链固定螺母处画出标记，如图5-8所示。

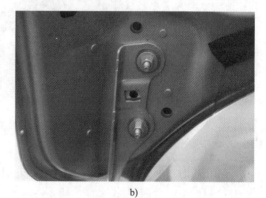

a)　　　　　　　　　　　　　　b)

图5-8 用记号笔标记出铰链固定螺母位置

（4）使用13mm套筒棘轮扳手拆下发动机舱盖铰链固定螺母共4个，两人相互配合取下发动机舱盖总成，如图5-9所示。

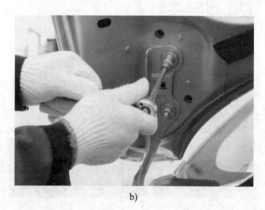

a)　　　　　　　　　　　　　　b)

图5-9

汽车车身及附属设备

c)

图5-9 拆卸发动机舱盖

小　提　示

为了避免损坏其他零部件，找个助手帮忙固定住发动机舱盖很重要。将你的肩膀放在发动机舱盖下面，同时用一只手撑住发动机舱盖底部边缘，这样可以防止发动机舱盖滑下来从而撞到前风窗玻璃、前围板或前翼子板上。用肩部支承住发动机舱盖的质量，用另一只自由的手拆卸发动机舱盖铰链螺母。

（5）使用小规格一字螺丝刀小心撬开洗涤喷嘴共2个，取下喷嘴及橡胶输液软管，如图5-10所示。

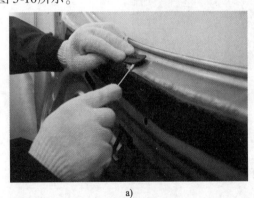　　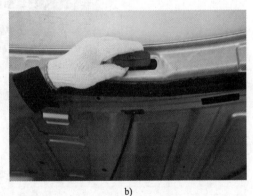

a)　　　　　　　　　　　　　　　　b)

图5-10 拆卸洗涤喷嘴

2 安装发动机舱盖

（1）两人相互协作，将发动机舱盖总成按照之前的定位标记固定在发动机舱盖铰链上。

小　提　示

安装螺母时必须按照维修手册标注的拧紧力矩拧紧！

学习任务五 发动机舱盖的拆装与更换

(2）依次安装洗涤喷嘴和橡胶输液软管。

(3）安装发动机舱盖隔音垫。

(4）按照维修手册的要求调整发动机舱盖间隙面差，使之符合原厂技术标准，如图5-11所示。

 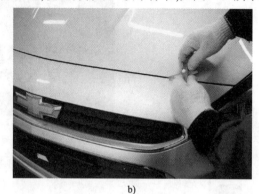

a) b)

图5-11 调整发动机舱盖间隙面差

(5）整理清洁工位，如图5-12所示。

图5-12 整理清洁工位

良好的工作环境能使我们感到愉悦，也有利于安全操作和提高工作效率。

引导问题6 如何正确调整发动机舱盖？

在大多数汽车上，发动机舱盖是最大的可调节板件。可以在铰链上、可调橡胶缓冲块和发动机舱盖锁体处对其进行调整。

1 发动机舱盖到铰链的调整

调整发动机舱盖时，把发动机舱盖固定到铰链的螺母稍微松开一些，如图5-13所示。

调整期间,将螺母保持足够紧以固定住发动机罩,但又要足够松以便移动发动机舱盖。

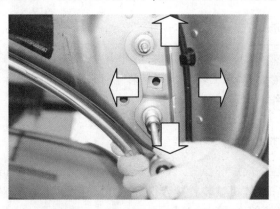

图 5-13　发动机舱盖到铰链的调整

关上发动机舱盖,正确地进行调试。用手移动发动机舱盖,直到其所有侧面周围的间隙相等。小心地将发动机舱盖抬起足够高,以便另一个技师拧紧螺母。发动机舱盖的前部必须与前翼子板的前部以及发动机舱盖前方的所有板件对齐。确保发动机舱盖和前围板之间的间隙足够大,使发动机舱盖在抬起时不会擦伤前围板。如果不能将前翼子板和发动机舱盖之间的间隙调整正确,那么可能是前翼子板位置不正确。

2 发动机舱盖的高度调节

为了在发动机舱盖的后部修正其上下位置,将把铰链固定到车身上的螺母稍稍松开一些。然后,慢慢地关上发动机舱盖,根据需要升高或降低发动机舱盖的后缘。当后部与相邻的前翼子板和前围板平齐时,打开发动机舱盖,拧紧螺母。

一旦发动机舱盖的后部调整到正确高度,必须检查可调橡胶缓冲块。后部的缓冲块必须调整到轻轻地抵住发动机舱盖,这样可以消除发动机舱盖的移动和振动。前部缓冲块控制着发动机舱盖前部的高度,如图 5-14 所示。顺时针或逆时针转动橡胶缓冲块,直到发动机舱盖的前部与前翼子板的顶部平齐。

图 5-14　发动机舱盖的高度调节

学习任务五　发动机舱盖的拆装与更换

小提示

安装上发动机舱盖后第一次关闭时要格外小心,绝不能猛地向下关上发动机舱盖。慢慢地降下发动机舱盖,确保它不会撞到前翼子板。如果发动机罩没有正确对准,那么很容易损坏其他部件或漆面。

❸ 发动机舱盖锁的调整

调整好发动机舱盖的高度和位置之后,检查发动机舱盖是否能正常锁上。发动机舱盖锁的调整决定了锁闩和锁体机械装置接合得好不好。在发动机舱盖对正且调整到正确高度的情况下,调整发动机舱盖锁能正确关闭。

一边慢慢放下发动机舱盖,一边查看锁闩是否自动在锁体中对正。当其接合后,发动机舱盖不应左右偏转。如果发动机舱盖在关闭后向一旁偏移,则根据需要左右移动发动机舱盖锁。

发动机舱盖关闭后还应轻轻压在前部橡胶缓冲块上,这可以防止发动机舱盖上下跳振。记住,如果必须猛地用力放下发动机舱盖才能接合锁闩,那么需要升高锁体。如果发动机舱盖在锁上后上下移动,则要降低锁体,如图 5-15 所示。

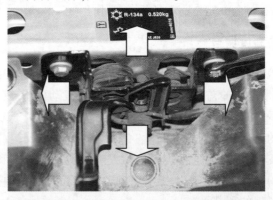

图 5-15　发动机舱盖锁的调整

小提示

调整完发动机舱盖后必须拧紧所有的螺母或螺栓,以防汽车在高速行驶时发动机舱盖向后翻起引发事故。

三、学习拓展

引导问题 7　行李舱盖由哪些主要零部件组成?

行李舱盖的构造与发动机舱盖类似,由内板、外板和加强梁组成。雪佛兰科鲁兹轿车的行李舱盖主要还包括行李舱盖尾灯、第三制动灯、镀铬装饰条、行李舱盖隔音垫、行李舱盖锁、铰链及其开启按钮等,如图5-16所示。

图5-16　行李舱盖结构

引导问题8　　如何开启行李舱盖?

开启行李舱盖的方式通常有两种:

第一种方式是在中控门锁已经开启的状态下,扣动行李舱盖开启按钮,如图5-17所示。

第二种方式是直接按压遥控钥匙上行李舱盖开启按钮,行李舱盖会自动弹起,如图5-18所示。

图5-17　扣动行李舱盖开启按钮

图5-18　按压遥控钥匙上的开启按钮

小提示

行李舱盖开启备用模式:当电动中央门锁机构出现故障,通过上述两种方式均无法开启行李舱盖时,可将后座椅靠背放倒,从内部接近行李舱盖锁,用一字螺丝刀插入锁体上的备用模式开启孔(图5-19),顺时针转动锁孔即可开启行李舱盖,如图5-20所示。

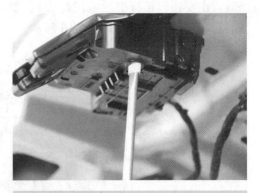

图 5-19　备用模式开启孔　　　　　图 5-20　顺时针转动锁孔

引导问题9　如何规范地拆装行李舱盖？

1 拆卸行李舱盖

（1）拆卸行李舱盖隔音垫。

①使用塑料卡扣拆卸器拆下行李舱盖隔音垫卡扣共 10 个，如图 5-21 所示。

②使用小规格一字螺丝刀撬开行李舱盖锁护罩，取下行李隔音垫，如图 5-22 所示。

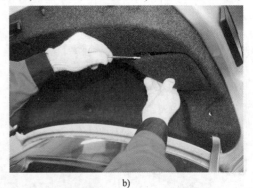

a)　　　　　　　　　　　　　　　　b)

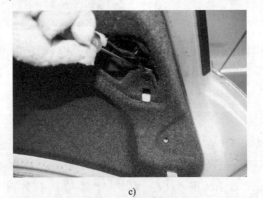

c)

图 5-21　拆卸行李舱盖隔音垫卡扣

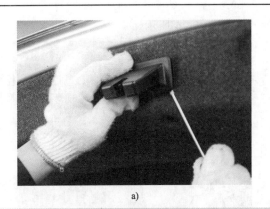
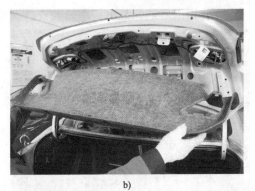

图 5-22 取下行李舱盖隔音垫

(2)拆卸行李舱盖各类插头及线束,如图 5-23 所示。

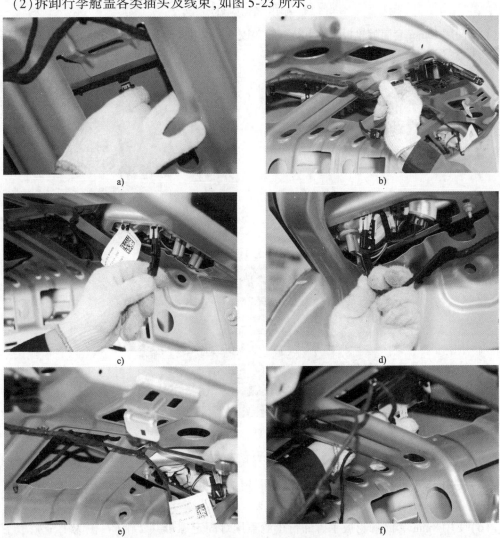

图 5-23 拆卸各类插头及线束

(3) 使用记号笔标记出行李舱盖铰链螺栓位置,如图 5-24 所示。

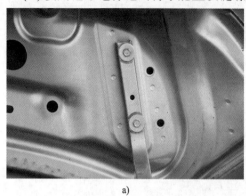
a)
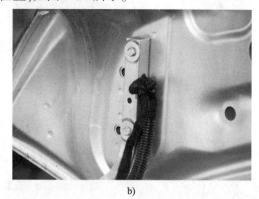
b)

图 5-24　标记行李舱盖铰链螺栓位置

(4) 使用 10mm 套筒棘轮扳手拆下行李舱盖铰链螺栓共 4 个,取下行李舱盖,如图 5-25 所示。

a)
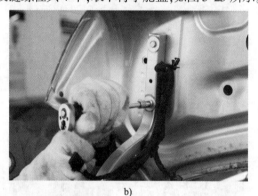
b)

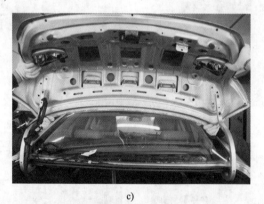
c)

图 5-25　取下行李舱盖

(5) 使用 T30 螺丝刀拆下行李舱盖锁固定螺钉共 2 个,取下行李舱盖锁,如图 5-26 所示。

(6) 使用 8mm 套筒棘轮扳手拆卸行李舱盖尾灯固定螺母共 2 个(一侧为 1 个),取下行李舱盖尾灯总成,如图 5-27 所示。

汽车车身及附属设备

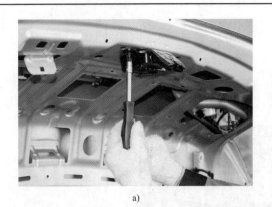
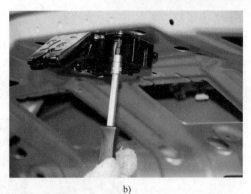

a)   b)

图 5-26   拆卸行李舱盖锁

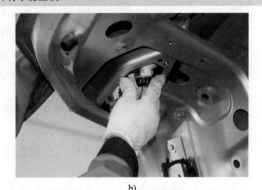

a)   b)

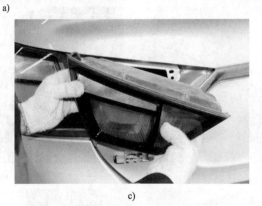

c)

图 5-27   拆卸行李舱盖尾灯

（7）拆卸第三制动灯、可调式橡胶缓冲块等其他零部件。

2 安装行李舱盖

（1）两人相互协作,将行李舱盖总成按照之前的定位标记固定在铰链上。

安装螺栓时必须按照维修手册标注的拧紧力矩拧紧！

学习任务五   发动机舱盖的拆装与更换

(2) 按线路原有的走势,将线路布置好并固定牢靠。
(3) 安装行李舱盖尾灯、第三制动灯。
(4) 安装行李舱盖锁、可调式橡胶缓冲块。
(5) 接好所有的插头。
(6) 打开电源开关,检查行李舱盖尾灯、第三制动灯是否点亮,如图 5-28 所示。

图 5-28　检查灯光是否点亮

(7) 安装行李舱盖隔音垫。
(8) 按照维修手册的要求调整行李舱盖的间隙面差,使之符合原厂技术标准,如图 5-29 所示。

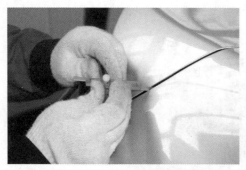
a)

b)

c)

图 5-29　调整行李舱盖的间隙面差

(9)对行李舱盖进行淋水试验检查其密封性。

(10)整理清洁工位,如图 5-30 所示。

图 5-30 整理清洁工位

良好的工作环境能使我们感到愉悦,也有利于安全操作和提高工作效率。

四、评价与反馈

(1)对本学习任务进行评价,见表 5-1。

评 分 表　　　　　　　　　　　表 5-1

考核项目	评分标准	分数	学生自评 (×系数0.1)	小组互评 (×系数0.2)	教师评价 (×系数0.7)	小计
工作态度	是否积极主动、认真负责	10				
团队合作	(1)是否能相互协助; (2)是否能顾全大局	10				
操作过程	(1)是否做了作业前的准备工作; (2)发动机舱盖的拆装是否正确; (3)发动机舱盖的调整是否正确	45				
安全规范	是否违规操作	10				
任务完成情况	是否圆满完成	10				
现场5S管理	是否在整个工作过程中贯穿5S	10				

续上表

考核项目	评分标准	分数	学生自评 （×系数0.1）	小组互评 （×系数0.2）	教师评价 （×系数0.7）	小计
知识与能力拓展	是否具有自学与发展能力	5				
总分		100				
教师签名：			年 月 日		得分：	

(2) 通过本学习任务的学习，你有哪些收获？还存在哪些不足？

(3) 简述发动机舱盖的调整方法。

学习任务六
门锁机构的拆装与更换

学习目标

完成本学习任务后,你应当能:
1. 叙述门锁机构的作用;
2. 识别门锁机构的主要组成零部件;
3. 熟知门锁机构的工作原理;
4. 规范拆装门锁机构。

建议完成本学习任务的时间为 16 课时。

学习任务描述

雪佛兰品牌4S店里,一辆雪佛兰科鲁兹轿车用户反映:左前门锁有时锁不上。经判断,可能是左前门锁机构出现了故障,需拆下检查。你作为车身维修技术人员,需要对左前门锁机构进行拆卸检查,作出维修或更换的正确选择。

一、资料收集

引导问题 1 门锁机构有什么作用?

门锁机构是汽车车身重要的、使用最频繁的专用保安部件。它一方面直接关系汽车行驶时乘员的安全,另一方面也是汽车的防盗安全装置,具体表现在以下几个方面:

(1)门锁机构装置具有对车门的导向、定位和防振的能力。

（2）门锁机构具有两个挡位的锁紧位置——全锁紧和半锁紧。半锁紧挡的作用是：汽车行驶中，当车门松动，一旦与工作位置脱开，半锁紧挡仍能起到使车门关闭的保险作用，由此产生的松旷声，或者专设的安全指示信号能及时提醒驾驶员或乘客注意安全，并将其重新锁闭。

为保证安全，门锁机构还具有可靠的安全锁止功能。如按下锁止按钮或外把手处于锁止状态时，扣动车门内、外把手不能打开车门，在车外只有使用钥匙或按压遥控开启按钮，在车内只有先开启锁止按钮才能打开车门。

（3）汽车在高速行驶时，为防止儿童误开内把手的意外事故发生，在后门锁内装有儿童安全锁止机构。当起动了儿童安全锁止机构后，后车门是无法从里面开启的。现在许多新车还配备了自动落锁功能，只要行车速度超过10km/h，中控锁就会自动起动，将所有车门锁闭。主要是针对防止车外不法分子恶意开启车门来进行安全防范的，在某种情况下，也可以起到保护儿童的作用。

> **引导问题2** 门锁机构由哪些主要零部件组成？

雪佛兰科鲁兹轿车的前门门锁机构主要包括前门门锁、门锁扣、内外把手及其操纵部件等，如图6-1所示。

图6-1　前门门锁机构结构图

> **引导问题3** 门锁机构的工作原理是怎样的？

工作时，利用锁体上的卡板和门锁扣的脱开或啮合来实现车门的开闭。当车门关闭时，固定在门框上的门锁扣与锁体上的卡板相碰撞，门锁扣推动卡板绕卡板主轴旋转，卡板弹簧被压缩，同时卡板的旋转带动棘爪转动，使棘爪弹簧被拉伸，呈锁定状态（图6-2a），在不扣动门内、外把手时，车门始终处于关闭状态；当扣动门内或门外把手时，外力推开棘爪，卡板与棘爪在各自弹簧恢复力作用下脱开，呈解锁状态（图6-2b）。锁门时，按下遥控器上的车门锁止键（或用车钥匙顺时针转动锁芯）时，中央门锁控制盒接收到锁门的信号后会进行解码，如果是正确的代码，就输入控制电路并使驱动器工作，从而带动连接装置断开与外把手的连接，车门锁止。

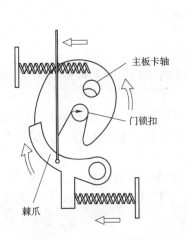
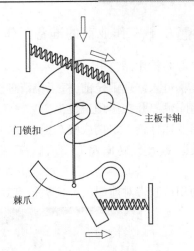

a) 卡板在车门关闭力作用下呈锁定状　　b) 在弹簧复原力作用下呈解锁状态

图6-2　门锁机构工作原理

二、任务实施

引导问题4　作业需要哪些工具、设备和材料？

（1）小棘轮扳手、7mm套筒、10mm套筒、小规格一字螺丝刀、T25螺丝刀、T30旋具套筒、塑料卡扣拆卸器，如图6-3所示。

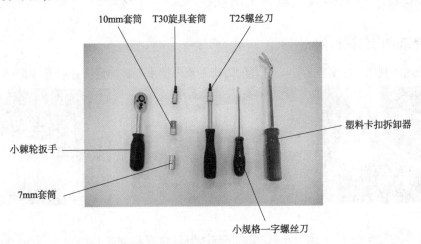

图6-3　使用工具

（2）雪佛兰科鲁兹轿车（或其他车型车辆）。
（3）脚垫、座椅套、转向盘套、变速杆手柄套、驻车制动器操纵杆套。
（4）纸胶带、手套、清洁抹布等辅料。
（5）雪佛兰科鲁兹轿车（或其他车型车辆）维修手册。

引导问题5　作业前的准备工作有哪些？

(1) 穿好防护用品(图1-16)。
(2) 车辆进入修理工位前,将工位清理干净,准备好相关的工具和材料(图3-3)。
(3) 将车辆停驻在修理工位上。
(4) 将变速杆置于空挡或驻车挡(P挡)位置;拉起驻车制动器操纵杆(图3-5、图3-6)。
(5) 安装座椅套、转向盘套、变速杆手柄套、驻车制动器操纵杆套,铺设脚垫(图3-7～图3-11)。
(6) 使用纸胶带对前门内饰板进行有效防护,如图6-4所示。

 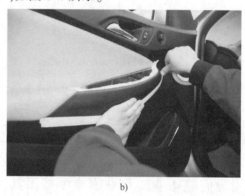

a)　　　　　　　　　　　　　　b)

图6-4　对前门内饰板进行有效防护

引导问题6　怎样规范地拆装门锁机构？

1 拆卸前门门锁机构

(1) 使用小规格一字螺丝刀小心撬开前门扶手及内把手处装饰盖板并取下,如图6-5所示。

a)　　　　　　　　　b)　　　　　　　　　c)

图6-5　拆卸前门扶手及内把手处装饰盖板

(2) 使用7mm套筒棘轮扳手拆卸前门扶手及内把手处固定螺钉共3个,如图6-6所示。
(3) 拆卸前门内饰板。
① 使用塑料卡扣拆卸器小心撬开前门内饰板,双手扒开内饰板与窗台内密封条的固定卡夹,脱开前门内饰板,如图6-7所示。
② 按压前门内把手拉索固定卡夹使其脱开,如图6-8所示。

 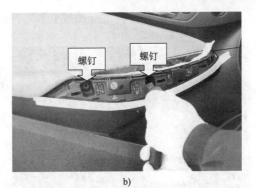

a)　　　　　　　　　　　　　　b)

图6-6　拆卸前门扶手及内把手处固定螺钉

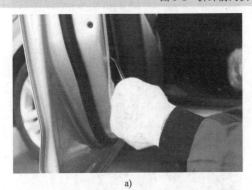 

a)　　　　　　　　　　　　　　b)

图6-7　脱开前门内饰板

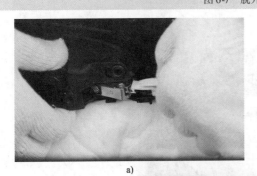 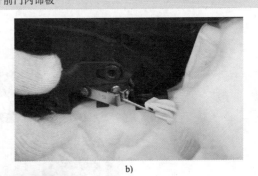

a)　　　　　　　　　　　　　　b)

c)

图6-8　脱开前门内把手拉索

③拆卸前门内饰板各类开关插头,取下前门内饰板,如图6-9所示。

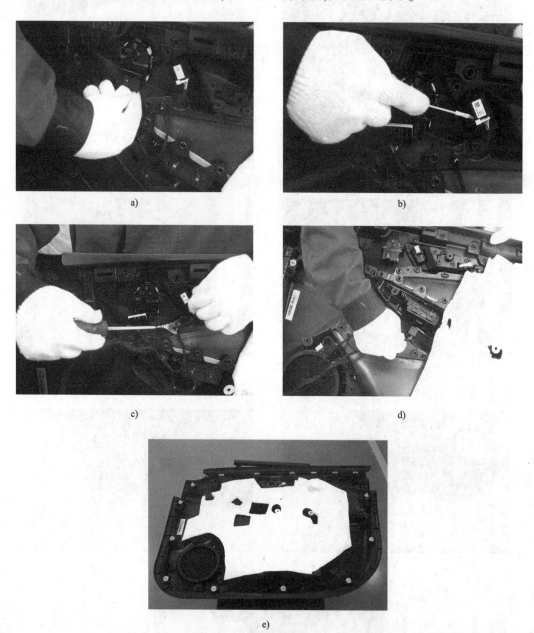

图6-9 取下前门内饰板

(4)拆卸门锁机构。

①使用10mm套筒棘轮扳手拆下门锁电动机固定螺栓1个,用塑料卡扣拆卸器撬开线束固定卡扣,取下门锁电动机插头,如图6-10所示。

②双手小心从边缘处撕开防水帘,如图6-11所示。

a)　　　　　　　　　　　　　　b)

c)

图 6-10　取下门锁电动机插头

图 6-11　小心撕开防水帘

小提示

　　车门防水帘一般用的都是不干胶条,是以异丁橡胶为主要原料,配以其他高分子材料加工制成的一种终生不固化型自粘防水密封胶条,其特点是:指压贴合容易,与汽车内钢板和防水帘均有较好的粘结性,能长期保持黏弹性和密封性。同时具有优良的耐候性、耐老化性及防水性,对被粘物表面起到密封、减振、保护等作用。由于完全不含溶剂,因而终生不固化,可多次使用。

③使用小规格一字螺丝刀撬开前门检修孔堵塞,用 T25 螺丝刀松开外把手盖固定螺栓,如图 6-12 所示。

a)

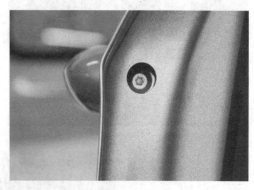
b)

c)

图 6-12　松开外把手盖固定螺栓

④取下前门外把手盖及外把手,如图 6-13 所示。

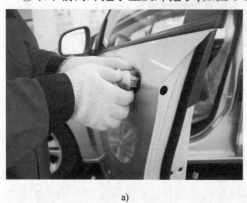
a)

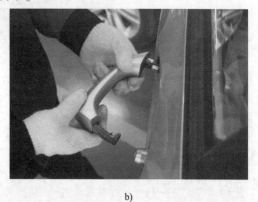
b)

图 6-13　取下前门外把手盖及外把手

⑤取下前门外把手盖衬垫,使用 T25 螺丝刀拆下外把手罩固定螺钉 1 个,如图 6-14 所示。

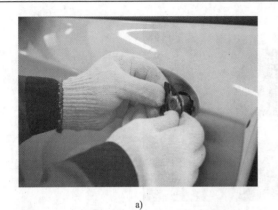

a)   b)

图 6-14 拆卸外把手罩固定螺钉

⑥取下前门锁杆，使用 T30 螺丝刀拆下前门门锁沉头螺钉 3 个，取出门锁机构，如图 6-15 所示。

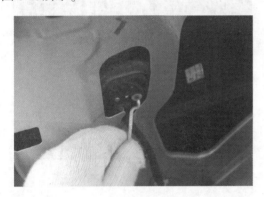

a)   b)

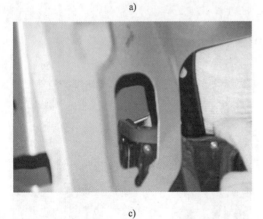
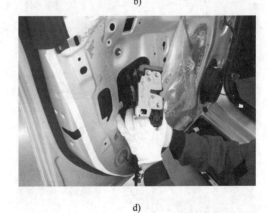

c)   d)

图 6-15 取出门锁机构

2 安装前门门锁机构

（1）将门锁机构放入车门内，安装好门外锁止连杆，如图 6-16 所示。

学习任务六 门锁机构的拆装与更换

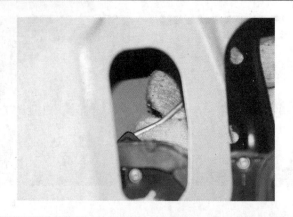

图 6-16 安装门外锁止连杆

（2）将外把手罩安装在车门上并固定牢靠，如图 6-17 所示。

a)
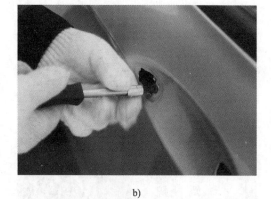
b)

图 6-17 安装外把手罩

（3）安装外把手及外把手盖，如图 6-18 所示。
（4）安装前门门锁，如图 6-19 所示。

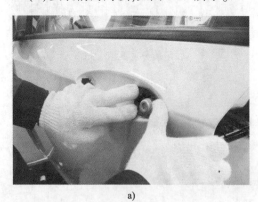
a)
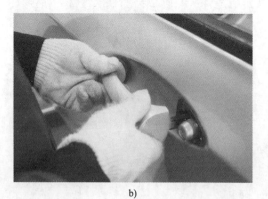
b)

图 6-18

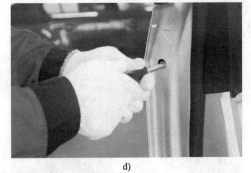
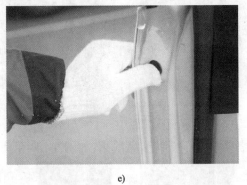

图6-18　安装外把手及外把手盖

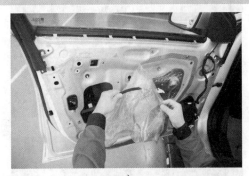
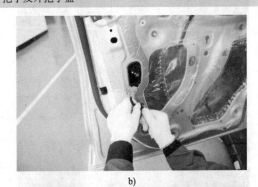
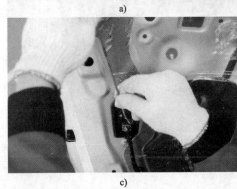
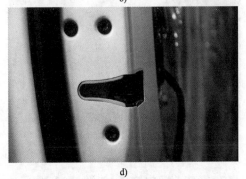

图6-19　安装前门门锁

小提示

安装螺钉、螺栓时必须按照维修手册标注的拧紧力矩拧紧!

(5)检查门锁机构安装后是否能正常使用,如图6-20所示。

a)

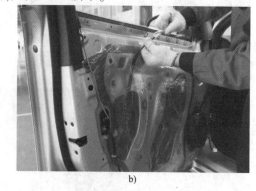

b)

图6-20　检查门锁机构是否能正常使用

(6)安装前门内饰板各类开关插头并卡紧线束,如图6-21所示。

a)

b)

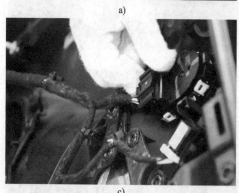

c)

d)

图6-21　安装各类插头并卡紧线束

(7)安装前门内饰板,如图6-22所示。

(8)安装前门扶手及内把手处固定螺钉和装饰盖板,如图6-23所示。

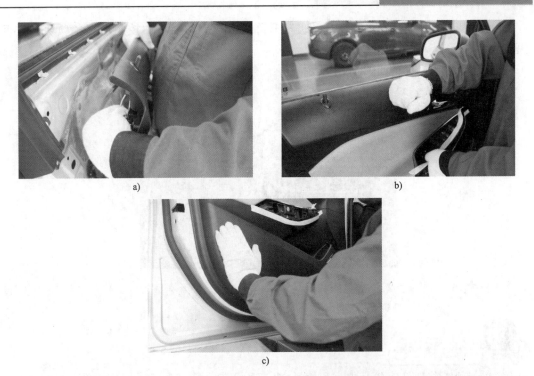

图6-22 安装前门内饰板

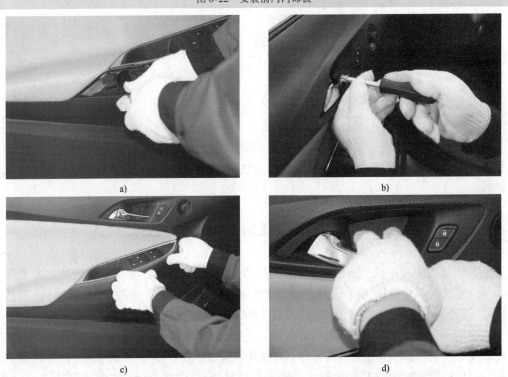

图6-23 安装前门扶手及内把手处固定螺钉和装饰盖板

（9）打开车辆电源开关，检查电动玻璃升降器、电动后视镜、中控门锁等各项功能是否正常。

（10）整理清洁工位，如图 6-24 所示。

图 6-24　整理清洁工位

良好的工作环境能使我们感到愉悦，也有利于安全操作和提高工作效率。

三、学 习 拓 展

引导问题 7　点火锁的作用是什么？

点火锁又称点火开关，是一个多挡开关，需用相应的钥匙才能对其进行操纵。点火锁通常用于转向盘的锁止以及控制点火电路、仪表电路、发动机励磁电路、起动电路及辅助电气电路等。

引导问题 8　电子钥匙式防盗系统的工作原理是怎样的？

电子钥匙式防盗系统，它由电子编码发射器、读写线圈、防盗 ECU 及密码防盗起动指示灯等部分组成。其中防盗 ECU 是防盗系统的核心，它连接着车上电控单元（ECU）之间的数字信号，进行钥匙认证工作。当钥匙插入点火锁锁孔内，隐藏在钥匙柄中的电子编码发射器就会发出密码信号，通过密码线圈与防盗 ECU 进行双向通信，防盗 ECU 的鉴别电路对密码进行对比运算，同时它还与发动机管理系统的电控单元（ECU）进行密码识别，只有两部分密码都"确认无误"，防盗 ECU 的电路才会输出电信号，允许电控单元（ECU）进行下一步动作，使发动机顺利起动。

小 提 示

点火钥匙处于不同位置时,其功能都是有区别的,如图6-25所示。

0:转向盘锁止位置。

要解除转向盘锁,需转动点火钥匙的同时来回轻轻转动转向盘。

1:电器附件工作位置。

点火钥匙处于该位置时,便可使用电器附件,蓄电池充电指示灯亮。

2:点火开关运行位置。

下列指示灯应该点亮或短时间点亮:发动机冷却液温度、发动机电子喷射系统、密码防盗起动、制动液液面、蓄电池充电、强制停车、发动机油压、驻车制动、前安全气囊、ABS(轮胎防抱死系统)。

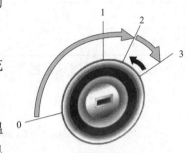
图6-25 点火钥匙的各位置功能

3:起动位置。

发动机起动后请立即松开点火钥匙,钥匙将自动回到2位置。

发动机工作时切忌转动钥匙到此位置。

四、评价与反馈

(1)对本学习任务进行评价,见表6-1。

评 分 表　　　　　　　　　　　表6-1

考核项目	评分标准	分数	学生自评 (×系数0.1)	小组互评 (×系数0.2)	教师评价 (×系数0.7)	小计
工作态度	是否积极主动、认真负责	10				
团队合作	(1)是否能相互协助; (2)是否能顾全大局	10				
操作过程	(1)是否做了作业前的准备工作; (2)门锁机构的拆装是否正确; (3)门锁机构的工作原理是否叙述准确	45				
安全规范	是否违规操作	10				
任务完成情况	是否圆满完成	10				

续上表

考核项目	评分标准	分数	学生自评（×系数0.1）	小组互评（×系数0.2）	教师评价（×系数0.7）	小计
现场5S管理	是否在整个工作过程中贯穿5S	10				
知识与能力拓展	是否具有自学与发展能力	5				
总分		100				
教师签名：			年　月　日		得分：	

（2）通过本学习任务的学习，你有哪些收获？还存在哪些不足？

（3）查询相关资料，简述门锁机构的常见故障及解决办法。

学习任务七
电动玻璃升降器的拆装与更换

学习目标

完成本学习任务后,你应当能:
1. 叙述玻璃升降器的功能及其分类;
2. 识别电动玻璃升降器的主要组成零部件;
3. 规范拆装电动玻璃升降器。

 建议完成本学习任务的时间为 20 课时。

 学习任务描述

车主王先生反映:自己的雪佛兰科鲁兹轿车的左前门车窗玻璃升降很慢且有异响声出现。你作为车身维修技术人员,需要对左前门玻璃升降器进行拆卸检查,作出维修或更换的正确选择。

一、资料收集

引导问题 1 玻璃升降器的功能是什么?又是如何分类的?

1 玻璃升降器的功能

玻璃升降器是按一定的驱动方式将汽车车窗玻璃沿玻璃导槽升起或下降,并能按要求

停留在任意位置的装置,是调节车窗玻璃开度大小的专用部件。其功能具体表现在以下几个方面:

(1)能灵活调整车窗玻璃开度大小、通风、防风雨。只有保证车窗玻璃平衡升降,并能顺利地开启和关闭,才能满足乘坐舒适的需要。

(2)车窗玻璃应能停在任意位置上,既不下滑,也不会由于汽车颠簸而上下跳动。

(3)锁上车门后,能防止外人将车窗玻璃强行拉下而进入车内。

2 玻璃升降器的分类

玻璃升降器的种类很多,通常是按传动结构不同分类,如图7-1所示。

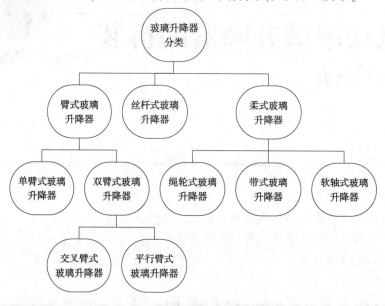

图7-1 玻璃升降器的分类

引导问题2 玻璃升降器有哪些特点?又是如何工作的?

现代汽车玻璃升降器运用较多的是臂式玻璃升降器和柔式玻璃升降器,丝杆式玻璃升降器主要用于较大车窗玻璃升降,现代汽车用得较少。

(1)臂式玻璃升降器的特点:臂式玻璃升降器,通常分为单臂式和双臂式两种,图7-2所示为双臂式中的交叉臂式玻璃升降器。臂式玻璃升降器的传动机构为齿轮齿板啮合传动,除齿轮外其主要构件均为板式结构,加工方便、成本低,但由于其采用悬臂式支承结构及齿轮齿板机构,故工作阻力较大。

(2)绳轮式玻璃升降器的特点:绳轮式玻璃升降器属于柔式玻璃升降器的一种,较为常见,使用最为广泛,如图7-3所示。绳轮式玻璃升降器以钢丝绳为运动软轴,依靠两个滑轮定位,通过蜗杆转动带动蜗轮,进而带动钢丝绳上下运动。其特点:工作可靠性好、运动平稳、噪声小、质量轻、安全方便、使用寿命长。

汽车车身及附属设备

图7-2 交叉臂式玻璃升降器

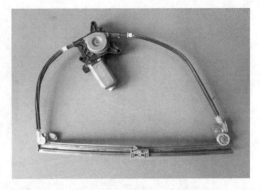

图7-3 绳轮式玻璃升降器

引导问题3 电动玻璃升降器由哪些主要零部件组成？

玻璃升降器安装在车门内板上。雪佛兰科鲁兹轿车的电动玻璃升降器主要由钢丝绳导向板、导向轮、玻璃升降电动机、升降滑块等组成，如图7-4所示。

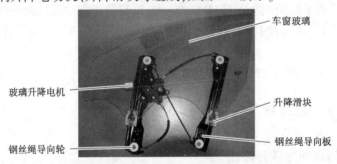

图7-4 前门电动玻璃升降器结构

二、任务实施

引导问题4 作业需要哪些工具、设备和材料？

（1）小棘轮扳手、7mm套筒、10mm套筒、小规格一字螺丝刀、旋柄、塑料卡扣拆卸器，如图7-5所示。
（2）雪佛兰科鲁兹轿车（或其他车型车辆）。
（3）脚垫、座椅套、转向盘套、变速杆手柄套、驻车制动器操纵杆套。
（4）纸胶带、手套、清洁抹布等辅料。
（5）雪佛兰科鲁兹轿车（或其他车型车辆）维修手册。

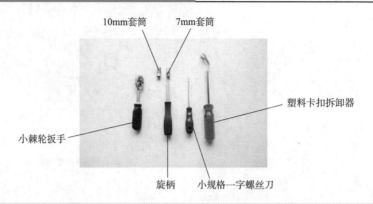

图 7-5 使用工具

引导问题 5　作业前的准备工作有哪些？

（1）穿好防护用品（图 1-16）。
（2）车辆进入修理工位前，将工位清理干净，准备好相关的工具和材料（图 3-3）。
（3）将车辆停驻在修理工位上。
（4）将变速杆置于空挡或驻车挡（P 挡）位置；拉起驻车制动器操纵杆（图 3-5、图 3-6）。
（5）安装座椅套、转向盘套、变速杆手柄套、驻车制动器操纵杆套，铺设脚垫（图 3-7 ~ 图 3-11）。
（6）使用纸胶带对前门内饰板进行有效防护（图 6-4）。

引导问题 6　怎样规范地拆装电动玻璃升降器？

1　拆卸前门电动玻璃升降器

（1）打开车辆电源开关，将车窗玻璃降至一半的位置，如图 7-6 所示。
（2）拆卸前门内饰板（详见前面章节内容，这里不再赘述）。
（3）拆下车窗玻璃框内装饰板，如图 7-7 所示。

图 7-6　车窗玻璃降至一半的位置

图 7-7　拆卸车窗玻璃框内装饰板

(4)小心撕开防水帘,如图7-8所示。
(5)断开电动玻璃升降器插头,如图7-9所示。

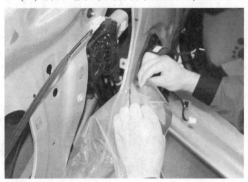

图7-8　小心撕开防水帘　　　　　　　图7-9　断开玻璃升降器插头

(6)一只手使用小规格一字螺丝刀分别顶开两侧升降滑块卡夹,另一只手同时向上托举车窗玻璃,使其脱开,如图7-10所示。

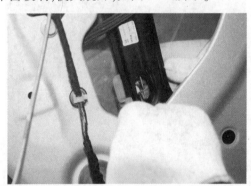

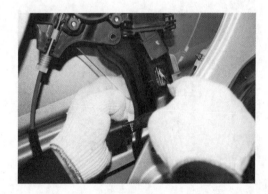

a)　　　　　　　　　　　　　　　　b)

图7-10　脱开车窗玻璃

(7)双手慢慢托举车窗玻璃升至一定高度,倾斜一定角度后取出车窗玻璃,如图7-11所示。

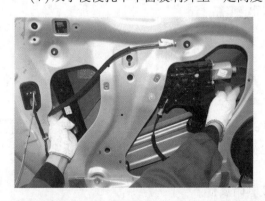

图7-11　取出车窗玻璃

(8)图7-12所示为车窗玻璃升降器固定螺母及螺栓的安装位置,使用10mm套筒棘轮扳手拆下4个螺母和1个螺栓(图7-13)。

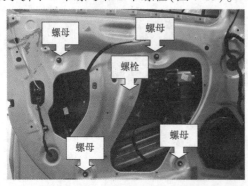
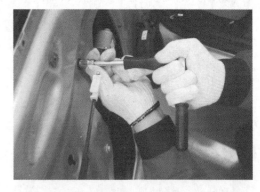

图7-12 玻璃升降器固定螺母及螺栓安装位置　　图7-13 拆卸玻璃升降器固定螺母及螺栓

(9)双手配合取出前门电动玻璃升降器,如图7-14所示。

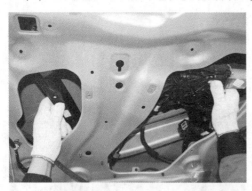

a)　　　　　　　　　　　　　　b)

图7-14 取出电动玻璃升降器

2 安装前门电动玻璃升降器

(1)按原先位置安装好电动玻璃升降器并固定牢靠。

安装螺栓、螺母时必须按照维修手册标注的拧紧力矩拧紧!

(2)双手将车窗玻璃倾斜一定角度,小心放入车门内并平行降至与升降滑块牢牢卡紧。
(3)接好电动玻璃升降器插头,打开车辆电源开关,检查车窗玻璃升降是否正常。
(4)安装前门车窗玻璃框内装饰板。
(5)重新粘贴好防水帘,安装前门内饰板及其附属件。
(6)再次打开车辆电源开关,检查电动后视镜、中控门锁等各项功能是否正常。

(7) 整理清洁工位，如图 7-15 所示。

图 7-15　整理清洁工位

 良好的工作环境能使我们感到愉悦，也有利于安全操作和提高工作效率。

三、学习拓展

引导问题 7　后门电动玻璃升降器及侧窗玻璃怎样规范拆装？

1 拆卸后门电动玻璃升降器

（1）打开车辆电源开关，将后门车窗玻璃降下，如图 7-16 所示。
（2）拆卸后门内饰板（方法与前门类似，这里不再赘述）。
（3）拆下后门车窗玻璃框内装饰板，如图 7-17 所示。

图 7-16　降下后门车窗玻璃

图 7-17　拆卸后门车窗玻璃框内装饰板

(4)小心撕开防水帘,一只手使用小规格一字螺丝刀抵住升降滑块卡夹,另一只手托住玻璃往上顶,将车窗玻璃升至最高位置,如图7-18所示。

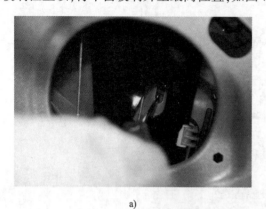
a)

b)

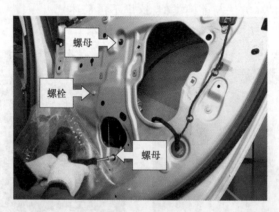
c)

图7-18　将后门车窗玻璃升至最高位置

(5)使用10mm套筒棘轮扳手拆下后门电动玻璃升降器2个固定螺母和1个固定螺栓,如图7-19所示。

图7-19　拆卸后门电动玻璃升降器固定螺母及螺栓

(6)拔下后门电动玻璃升降器插头,取下玻璃升降器总成,如图7-20所示。

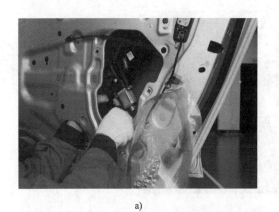 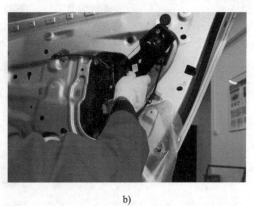

　　　　　　a)　　　　　　　　　　　　b)

图 7-20　取出后门电动玻璃升降器

2 拆卸后门侧窗玻璃总成

（1）使用 10mm 套筒棘轮扳手拆下后门车窗玻璃导向滑槽 2 个固定螺栓，取出导向滑槽，如图 7-21 所示。

　　　　　　a)　　　　　　　　　　　　b)

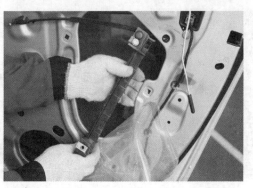

c)

图 7-21　取出导向滑槽

（2）拆下后门窗台外装饰条，如图 7-22 所示。

图 7-22　拆卸后门窗台外装饰条

（3）使用小规格一字螺丝刀撬开橡胶堵塞，用 10mm 套筒棘轮扳手拆卸后门侧窗玻璃总成固定螺栓，如图 7-23 所示。

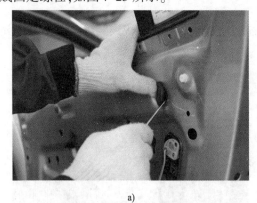
a)
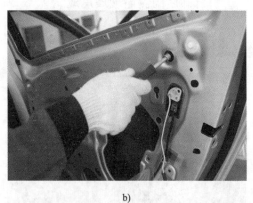
b)

图 7-23　拆卸后门侧窗玻璃总成固定螺栓

（4）使用塑料卡扣拆卸器拆下后门侧窗玻璃总成 2 个固定卡扣，如图 7-24 所示。

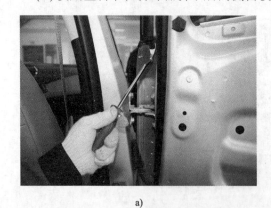
a)
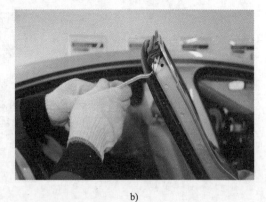
b)

图 7-24　拆卸后门侧窗玻璃总成固定卡扣

（5）使用 T15 螺丝刀拆下后门侧窗玻璃总成 3 个固定螺钉，如图 7-25 所示。

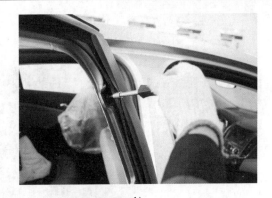

图7-25 拆卸后门侧窗玻璃总成固定螺钉

(6)双手小心扒开后门侧窗玻璃总成,使其与门框分离,取下后门侧窗玻璃总成,如图7-26所示。

图7-26 取下后门侧窗玻璃总成

3 安装后门侧窗玻璃总成及电动玻璃升降器

(1)将后门车窗玻璃放进车门内,如图7-27所示。

(2)将后门侧窗玻璃总成按原先位置安装到门框上并固定牢靠,如图7-28所示。

图 7-27　放入后门车窗玻璃

a)

b)

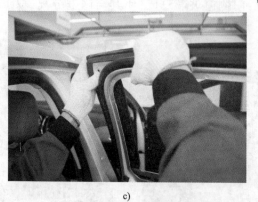
c)

图 7-28　安装后门侧窗玻璃总成

（3）分别安装后门侧窗玻璃总成的固定螺栓、螺钉及卡扣。

（4）将后门车窗玻璃导向滑槽放进车门内，对准车窗玻璃边缘将其卡紧并固定牢靠，如图 7-29 所示。

（5）双手将后门车窗玻璃升至最高位置并扶稳。

（6）安装后门电动玻璃升降器总成并固定牢靠。

小 提 示

安装螺栓、螺母时必须按照维修手册标注的拧紧力矩拧紧!

(7)将后门车窗玻璃降下并与升降滑块卡紧。
(8)打开车辆电源开关,检查电动玻璃升降器、中控门锁等功能是否正常。
(9)安装后门车窗玻璃框内装饰板及窗台外装饰条。
(10)安装后门内饰板及附属件。
(11)整理清洁工位,如图7-30所示。

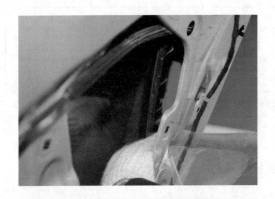

图7-29 安装玻璃导向滑槽

图7-30 整理清洁工位

小 提 示

良好的工作环境能使我们感到愉悦,也有利于安全操作和提高工作效率。

四、评价与反馈

(1)对本学习任务进行评价,见表7-1。

评 分 表   表7-1

考核项目	评分标准	分数	学生自评 (×系数0.1)	小组互评 (×系数0.2)	教师评价 (×系数0.7)	小计
工作态度	是否积极主动、认真负责	10				
团队合作	(1)是否能相互协助; (2)是否能顾全大局	10				

学习任务七　电动玻璃升降器的拆装与更换

续上表

考核项目	评分标准	分数	学生自评（×系数0.1）	小组互评（×系数0.2）	教师评价（×系数0.7）	小计
操作过程	（1）是否做了作业前的准备工作； （2）电动玻璃升降器的拆装是否正确； （3）玻璃升降器的特点是否叙述准确	45				
安全规范	是否违规操作	10				
任务完成情况	是否圆满完成	10				
现场5S管理	是否在整个工作过程中贯穿5S	10				
知识与能力拓展	是否具有自学与发展能力	5				
总分		100				
教师签名：			年　　月　　日		得分	

（2）通过本学习任务的学习，你有哪些收获？还存在哪些不足？

（3）查询资料，简述电动玻璃升降器的常见故障及解决办法。

学习任务八
电动后视镜的拆装与更换

学习目标

完成本学习任务后,你应当能:
1. 叙述后视镜的作用及其分类;
2. 识别外后视镜的主要组成零部件;
3. 掌握电动后视镜的调整方法;
4. 规范拆装电动后视镜。

建议完成本学习任务的时间为 8 课时。

学习任务描述

狭窄的乡间小路上,一辆快速行驶的雪佛兰科鲁兹轿车因距离判断失误,不慎与相向而行的农运三轮车发生剐擦,造成左电动后视镜发生破裂。你作为车身维修技术人员,需要对左电动后视镜进行拆卸并更换。

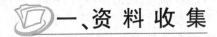

一、资料收集

引导问题 1 后视镜的作用是什么?

汽车后视镜能反映汽车后方、侧方和下方的情况,使驾驶员可以间接看清楚这些位置的情况,它起着"第二只眼睛"的作用,扩大了驾驶员的视野范围。

汽车后视镜属于重要安全件,它的镜面、外形和操纵都颇有讲究。后视镜的质量及安装

学习任务八 电动后视镜的拆装与更换

都有相应的行业标准,不能随意更改。

想一想

我知道的汽车后视镜功能还有:_____
_____。

引导问题2 ▶ 后视镜是如何分类的?

后视镜以安装位置划分,分为外后视镜、下后视镜和内后视镜。外后视镜反映汽车后侧方,下后视镜反映汽车前下方,内后视镜反映汽车后方及车内情况。以驱动方式划分,分为手动后视镜和电动后视镜。

用途不一样,镜面结构也会有所不同。一般后视镜镜面主要有两种,一种是平面镜,顾名思义镜面是平的,用术语表述就是"表面曲率半径 R 无穷大",这与一般家庭用镜一样,可得到与目视大小相同的映像,这种平面镜常用做内后视镜。另一种是凸面镜,镜面呈球面状,具有大小不同的曲率半径,它的映像比目视小,但视野范围广,好像相机"广角镜"的作用,这种凸面镜常用做外后视镜和下后视镜。

大客车和大货车一般装配外后视镜、下后视镜和内后视镜,而轿车及其他轻型乘用车一般只装配外后视镜和内后视镜。

引导问题3 ▶ 后视镜的主要特点及影响因素有哪些?

后视镜有一个视界的问题,也就是指镜面所能够反映到的范围。业界有视界三要素的说法。即驾驶员眼睛与后视镜的距离;后视镜的尺寸大小;后视镜的曲率半径。这三要素之间具有一定的关系,当后视的距离和尺寸相同时,镜面的曲率半径越小,镜面反映的视野就越大。但事物总有两重性,虽然镜面的曲率半径越小视野范围越大,但同时镜面反映的物体变形程度也越大,与真实距离也越远,往往造成驾驶员的错觉。因此,镜面的曲率半径就有一个限制范围,行业标准规定外后视镜的曲率半径 R 为 1200mm,内后视镜的曲率半径为无限大(平面镜)。由于行业规定:轿车外后视镜的安装位置不得超出汽车最外侧 250mm,所以原车配的后视镜会有盲区。

同时,后视镜也有一个反射率指标。反射率越大镜面反映的图像越清晰。反射率的大小与镜内表面反射膜材料有关。汽车后视镜反射膜一般用银和铝为材料,它们的最小反射率为 80%。高反射率在一些场合会有副作用,例如夜间行车在后面汽车前照灯的照射下,经内后视镜的反射会使驾驶员产生炫目感,影响行车安全。因此内后视镜一般采用棱形镜,虽然镜面也是平的,但其截面形状是棱形,它利用棱形镜的表面反射率与里面反射率不一样的特点,达到无炫目要求。白天采用反射率为 80% 的银质或铝质里面反射膜,晚上则用反射率只有 4% 左右的表面玻璃。为此,晚上只需略为将白天位置的内后视镜转动一下角度就行了。目前有一种自动变色(Auto-Dimming)的内后视镜,它的电子感光检测器能自动分辨外界的自然光和强加光源,通过电流变化在几秒内调节镜内的液晶材料,从无色变到有色以调节内后视镜的反射率,从而解决炫目问题。

　　驾驶员眼睛与后视镜的距离,也就是后视镜的安装位置,直接影响后视镜的视界、清晰程度和汽车轮廓尺寸,对行车安全很重要。因此,后视镜的安装位置要求达到行业标准的视界要求;后视镜应尽可能靠近驾驶员的眼睛,应方便驾驶员观察,头部及眼球转动尽量小;后视镜应安装在车身上下振动最小的位置上。以现在的轿车为例,外后视镜主要装配在前车门上,控制方式有电动式和手动式。电动式外后视镜的镜片后面装有驱动机构,它由小型可逆式直流电动机、减速齿轮、电磁离合器组成,驾驶员在车内控制开关对外后视镜进行上下左右调整,调整范围为30°以内,并可以折叠。手动式外后视镜多采用线缆驱动——杠杆式,驾驶员在驾驶座上摆动车门上相应的小手柄,即可上下左右调整镜面角度,这种手动后视镜的结构比较简单,一般装配在经济型轿车上。

引导问题 4　外后视镜的安装位置在哪?由哪些主要零部件组成?

　　轿车的外后视镜安装在两侧前门上。雪佛兰科鲁兹轿车的外后视镜主要由外后视镜护罩、安装底座、外后视镜镜片、侧转向灯等零部件组成,如图8-1所示。

图8-1　外后视镜结构

引导问题 5　电动后视镜应该如何正确调整?

　　雪佛兰科鲁兹轿车电动后视镜的调节方法:首先在左前门扶手处的后视镜开关总成位置选择要调整的后视镜(图8-2),"L"为驾驶员侧后视镜,"R"为乘客侧后视镜;然后通过调节按钮可在四个方向上调整后视镜的观察方向及角度。调整完毕后,应将选择键置于中间"0"位置。

图8-2　电动后视镜开关总成

小　提　示

　　电动后视镜的使用必须在接通电源的情况下进行。为了保障行车安全,在行驶时不要调整后视镜,以防误操作造成事故的发生。另外,为了节约停车空间,方便其他车辆顺利通过,驻车后最好将左、右外后视镜向后折叠,如图8-3所示。

学习任务八 电动后视镜的拆装与更换

左侧后视镜调整要领:把水平线置于后视镜的中线位置,然后再把车身的边缘调到占据镜面影像的 1/4,如图 8-4 所示。

右侧后视镜调整要领:把水平线置于后视镜的 2/3 位置,然后再把车身的边缘调到占据镜面影像的 1/4,如图 8-5 所示。

图 8-3 外后视镜向后折叠

图 8-4 左侧后视镜的调整

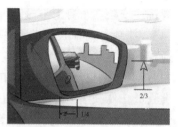

图 8-5 右侧后视镜的调整

小提示

外后视镜因为长期暴露在外,很容易粘到空气中的油污,用一般的面纸擦拭,总是力有未逮,一遇到雨水,还是模糊不清。牙膏是很好的后视镜清洁剂,用淘汰的牙刷沾一点牙膏,由中心向外画圆方式把镜面刷均匀,再用清水洗净即可。牙膏本身除了具有清洁效果外,也是很细致的研磨剂,可以把左、右后视镜上的油污、顽垢清除干净。即使遇到雨水,水滴也会结成球状而快速排除,不会粘在镜面成一片,妨碍驾车安全。

二、任务实施

引导问题6 作业需要哪些工具、设备和材料?

(1)小棘轮扳手、7mm 套筒、10mm 套筒、小规格一字螺丝刀、旋柄、塑料卡扣拆卸器,如图 8-6 所示。

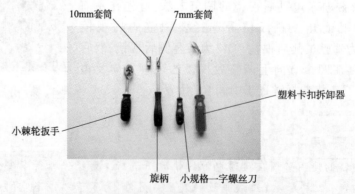

图 8-6 使用工具

（2）雪佛兰科鲁兹轿车（或其他车型车辆）。
（3）脚垫、座椅套、转向盘套、变速杆手柄套、驻车制动器操纵杆套。
（4）纸胶带、手套、清洁抹布等辅料。
（5）雪佛兰科鲁兹轿车（或其他车型车辆）维修手册。

引导问题7　作业前的准备工作有哪些？

（1）穿好防护用品（图1-16）。
（2）车辆进入修理工位前，将工位清理干净，准备好相关的工具和材料（图3-3）。
（3）将车辆停驻在修理工位上。
（4）将变速杆置于空挡或驻车挡（P挡）位置；拉起驻车制动器操纵杆（图3-5、图3-6）。
（5）安装座椅套、转向盘套、变速杆手柄套、驻车制动器操纵杆套，铺设脚垫（图3-7～图3-11）。
（6）使用纸胶带对前门内饰板进行有效防护（图6-4）。

引导问题8　怎样规范地拆装电动后视镜？

1 拆卸电动后视镜

（1）打开车辆电源开关，降下车窗玻璃，如图8-7所示。
（2）拆卸前门内饰板（详见前面章节内容，这里不再赘述）。
（3）拆下车窗玻璃框内装饰板，如图8-8所示。

图8-7　降下车窗玻璃

图8-8　拆卸车窗玻璃框内装饰板

（4）断开电动后视镜插头，如图8-9所示。
（5）使用10mm套筒棘轮扳手拆下电动后视镜3个固定螺栓，如图8-10所示。
（6）双手取下电动后视镜总成，如图8-11所示。
（7）使用塑料卡扣拆卸器小心拆下后视镜镜片，如图8-12所示。

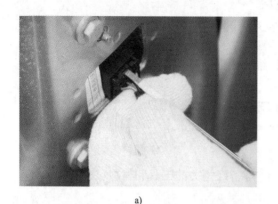
a)

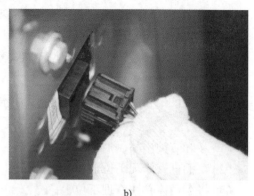
b)

图 8-9　断开电动后视镜插头

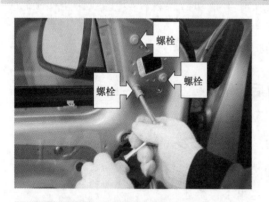

图 8-10　拆卸电动后视镜固定螺栓

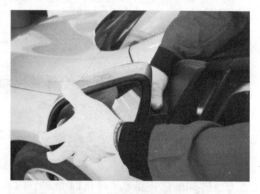

图 8-11　取下电动后视镜总成

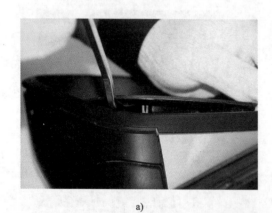
a)

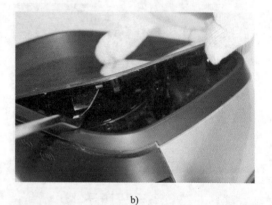
b)

图 8-12　拆卸后视镜镜片

2 安装电动后视镜

（1）将电动后视镜按正确安装位置放置在车门上，紧固 3 个固定螺栓。

安装螺栓时必须按照维修手册标注的拧紧力矩拧紧!

（2）接好电动后视镜插头，打开车辆电源开关，检查电动后视镜功能是否正常。
（3）安装前门车窗玻璃框内装饰板。
（4）安装前门内饰板及其附属件。
（5）按标准调整后视镜镜片的角度。
（6）整理清洁工位，如图 8-13 所示。

图 8-13　整理清洁工位

良好的工作环境能使我们感到愉悦，也有利于安全操作和提高工作效率。

三、学习拓展

引导问题 9　内后视镜怎样规范拆装及调整？

内后视镜又称中央后视镜，拆卸比较简单，只需使用 T20 螺丝刀将固定螺钉拆下，双手扶住中央后视镜，沿着底座向上滑动至脱开即可，如图 8-14 所示。

内后视镜调整要领：左、右位置调整到镜面的左侧边缘正好切至自己在镜中影像的右耳际，这表示，在一般的驾驶情况下，从内后视镜里是看不到自己的，而上、下位置则是把远处的地平线置于镜面中央即可，如图 8-15 所示。

学习任务八　电动后视镜的拆装与更换

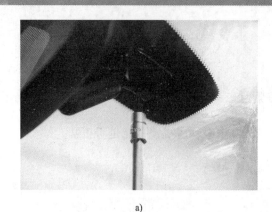
a)

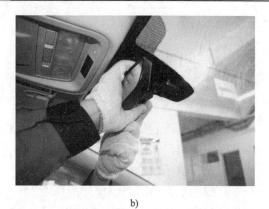
b)

图 8-14　拆卸内后视镜

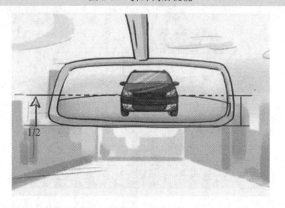

图 8-15　内后视镜的调整

 小　提　示

内后视镜通过球关节调整视角，在其下部有一个调节手柄，可使后视镜置于白天/夜晚两个位置，防止晚上开车时后面车辆灯光反射炫目，如图 8-16、图 8-17 所示。

图 8-16　内后视镜处于白天位置

图 8-17　内后视镜处于夜间防眩目位置

四、评价与反馈

(1) 对本学习任务进行评价,见表 8-1。

评 分 表　　　　　　　　　　表 8-1

考核项目	评分标准	分数	学生自评（×系数0.1）	小组互评（×系数0.2）	教师评价（×系数0.7）	小计
工作态度	是否积极主动、认真负责	10				
团队合作	(1) 是否能相互协助； (2) 是否能顾全大局	10				
操作过程	(1) 是否做了作业前的准备工作； (2) 电动后视镜的拆装是否正确； (3) 电动后视镜的调整是否正确	45				
安全规范	是否违规操作	10				
任务完成情况	是否圆满完成	10				
现场 5S 管理	是否在整个工作过程中贯穿 5S	10				
知识与能力拓展	是否具有自学与发展能力	5				
	总分	100				
教师签名：			年　　月　　日		得分：	

(2) 通过本学习任务的学习,你有哪些收获? 还存在哪些不足?

(3) 查询资料,简述电动后视镜的常见故障及解决办法。

学习任务九
电动刮水器的拆装与更换

学习目标

完成本学习任务后,你应当能:
1. 叙述刮水器的作用及工作原理;
2. 识别电动刮水器的主要组成零部件;
3. 掌握电动刮水器组合开关的使用方法;
4. 规范拆装电动刮水器。

 建议完成本学习任务的时间为 8 课时。

 学习任务描述

一辆雪佛兰科鲁兹轿车的刮水器不工作,经维修人员检查确认其电动刮水器的控制线路正常,刮水组合开关正常,故障原因系电动刮水器损坏。你作为车身维修技术人员,需对电动刮水器进行拆卸并更换。

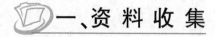

一、资 料 收 集

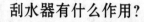 刮水器有什么作用?

汽车在雨雪或沙尘、霜、雾气聚集在前风窗玻璃的环境中行驶时,会严重影响驾驶员的视线。刮水器就是用来刮除附着于风窗玻璃上的雨点与灰尘的设备,以改善能见度,提高行车安全。为了消除附在风窗玻璃上的脏物,现代汽车上的刮水系统中又增设了清洗装置,必

要时向风窗玻璃表面喷洒专用清洗液,在刮水器配合工作下,保持风窗玻璃表面洁净。

引导问题 2 电动刮水器都由哪些主要零部件组成?

电动刮水器主要由刮水器连杆总成、刮水器电动机、刮水臂与刮水片等组成,如图 9-1 所示。

刮水器电动机是整个刮水器系统的动力来源和核心部件,常见的刮水器电动机主要由直流电动机、蜗轮蜗杆传动系统两部分构成。

图 9-1 刮水器结构

引导问题 3 电动刮水器组合开关是怎样使用的?

雪佛兰科鲁兹轿车的电动刮水器组合开关的使用方法:起动发动机后或将车钥匙拧到电源挡位时,通过刮水器组合开关手柄位置的移动来实现不同挡位(频率)的刮水器刮刷;将组合开关手柄朝驾驶员方向拉一下,即可实现前风窗玻璃的清洗功能,如图 9-2 所示。

(1)前风窗玻璃刮水器开关:

①OFF——停。

②INT——间歇刮刷。通过旋转中间环可实现间歇刮刷的时间长短。

③LO——正常刮刷。

④HI——快速刮刷。

⑤1x——单步刮刷。将组合开关手柄向下拉一次(自动回到 OFF),则刮刷一个来回后停止。

(2)前风窗玻璃清洗开关:朝驾驶员方向拉动组合开关手柄,风窗玻璃表面会喷出清洗液,同时刮水片自动刮刷几个来回后停止。

图 9-2 电动刮水器组合开关的使用

引导问题 4 前刮水片该如何更换?

前刮水片由刮水片骨架及橡胶条组成,由于前刮水片经常处在日常环境中,难免要经历酷暑严寒、风吹雨淋,其使用寿命普遍较短。为此,需要定期更换,以保证刮水片清洁效果。

雪佛兰科鲁兹轿车前刮水片的更换方法是:

(1) 使用小规格一字螺丝刀按压刮水臂上方孔处的卡夹,双手配合拔出前刮水片,如图9-3所示。

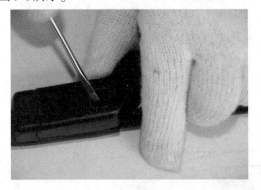
a)
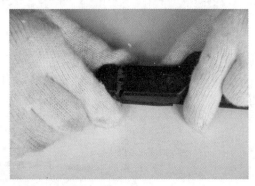
b)

c)

图9-3 前刮水片的拆卸

(2) 将新刮水片上的卡夹对准刮水臂上的方孔,相向施加压力,当听到"嗒"的一声即可轻松完成前刮水片的安装。

 小 提 示

如果直接在前风窗玻璃处更换前刮水片,一定要将前刮水臂放下并垫上软布,以防止刮水臂突然弹下打破风窗玻璃或误操作划伤玻璃。

二、任务实施

引导问题5 作业需要哪些工具、设备和材料?

(1) 小棘轮扳手、长接杆、15mm两用扳手、10mm套筒、13mm套筒、小规格一字螺丝刀、十字螺丝刀、刮水臂拆卸器、塑料卡扣拆卸器,如图9-4所示。

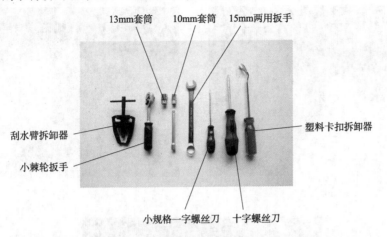

图9-4 使用工具

(2)雪佛兰科鲁兹轿车(或其他车型车辆)。
(3)脚垫、座椅套、转向盘套、变速杆手柄套、驻车制动器操纵杆套。
(4)手套、清洁抹布等辅料。
(5)雪佛兰科鲁兹轿车(或其他车型车辆)维修手册。

引导问题6 作业前的准备工作有哪些?

(1)穿好防护用品(图1-16)。
(2)车辆进入修理工位前,将工位清理干净,准备好相关的工具和材料(图3-3)。
(3)将车辆停驻在修理工位上。
(4)将变速杆置于空挡或驻车挡(P挡)位置;拉起驻车制动器操纵杆(图3-5、图3-6)。
(5)安装座椅套、转向盘套、变速杆手柄套、驻车制动器操纵杆套,铺设脚垫(图3-7~图3-11)。
(6)拉动发动机舱盖开启拉索,拨开安全锁;取下发动机舱盖支撑杆,将发动机舱盖可靠支撑(图3-12~图3-15)。
(7)安装左、右前翼子板防护垫(图3-16、图3-17)。

引导问题7 怎样规范地拆装电动刮水器?

1 拆卸电动刮水器

(1)撬开刮水臂固定螺母装饰罩,使用15mm两用扳手拆下刮水臂固定螺母共2个(左右各1个),如图9-5所示。

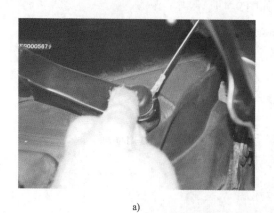
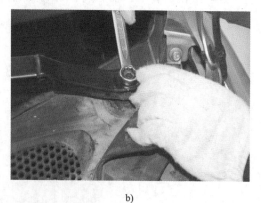

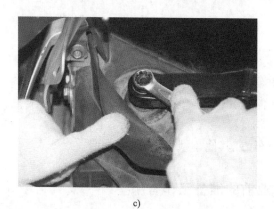

图9-5 拆卸刮水臂固定螺母

（2）使用刮水臂拆卸器拆下两侧刮水臂总成，如图9-6所示。

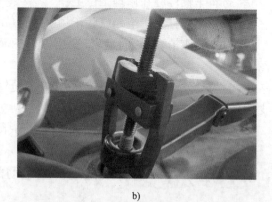

图9-6 拆卸两侧刮水臂总成

（3）使用小规格一字螺丝刀小心撬开前翼子板处装饰板（左右两侧），如图9-7所示。
（4）用手脱开前围盖板固定卡夹，两人配合拆下前围盖板，如图9-8所示。

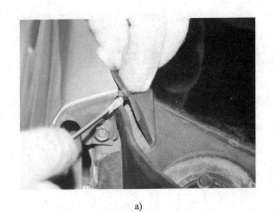
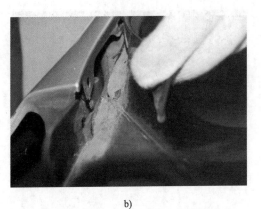

a) b)

图9-7 拆卸前翼子板处装饰板

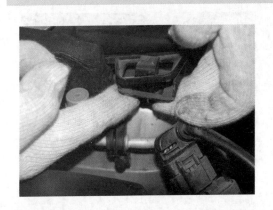

a) b)

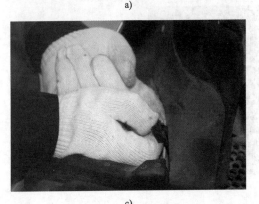
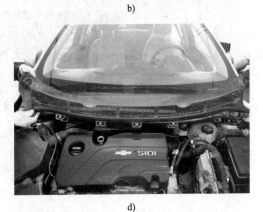

c) d)

图9-8 拆卸前围盖板

(5)使用小规格一字螺丝刀撬开刮水器防护板并取下,如图9-9所示。

(6)撬开两侧堵塞,用13mm套筒棘轮扳手拆卸前减振器处防护板固定螺栓共4个(一侧为2个),如图9-10所示。

学习任务九　电动刮水器的拆装与更换

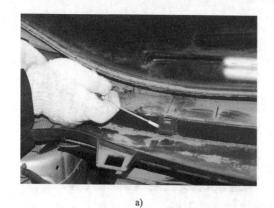
a)

b)

图 9-9　拆卸刮水器防护板

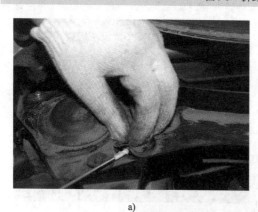
a)

b)

c)

图 9-10　拆卸前减振器处防护板固定螺栓

（7）使用十字螺丝刀拆卸前减振器处防护板固定螺钉共 4 个（一侧为 2 个），取下防护板，如图 9-11 所示。

（8）使用 10mm 套筒棘轮扳手拆下刮水器固定螺栓共 3 个，如图 9-12 所示。

（9）使用塑料卡扣拆卸器撬下刮水器线束固定卡夹，拔下电动刮水器插头，取出刮水器，如图 9-13 所示。

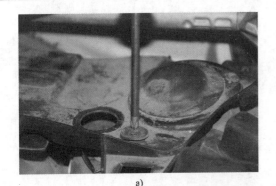
a)

b)

c)

图 9-11　取下前减振器处防护板

a)
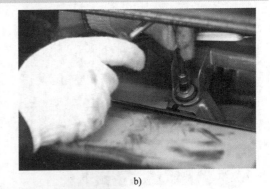
b)

c)

图 9-12　拆卸刮水器固定螺栓

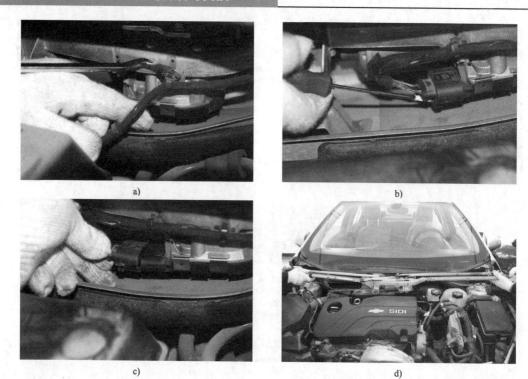

图9-13 取出刮水器总成

（10）拆卸刮水器电动机，如图9-14所示。

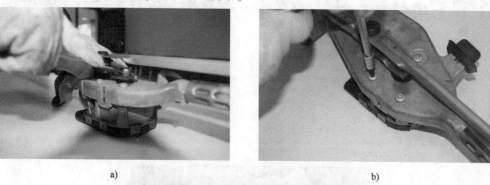

图9-14 拆卸刮水器电动机

2 安装电动刮水器

（1）将刮水器电动机安装在刮水器连杆总成上并固定牢靠。
（2）按照原先位置放置好电动刮水器并紧固。

安装螺钉、螺栓时必须按照维修手册标注的拧紧力矩拧紧！

（3）接好电动刮水器插头，打开车辆电源开关，测试刮水器工作是否正常。
（4）依次按原样安装好前减振器处防护板、刮水器防护板、前围盖板、前翼子板处装饰板。
（5）按原样安装好前刮水臂总成并固定牢靠。

安装前刮水臂总成时应注意左右之分，另外还要注意安装的部位应准确无误。一般情况下前风窗玻璃处有安装标记，需仔细查看。

（6）整理清洁工位，如图9-15所示。

图9-15 整理清洁工位

良好的工作环境能使我们感到愉悦，也有利于安全操作和提高工作效率。

学习任务九　电动刮水器的拆装与更换

三、学习拓展

引导问题8　风窗玻璃清洗装置都由哪些主要零部件组成?

轿车前风窗玻璃清洗装置主要由风窗玻璃清洗储液罐、洗涤泵、输液管、喷嘴等组成。

1　风窗玻璃清洗储液罐

风窗玻璃清洗储液罐是用来储存清洗液的,由塑料制成,容量为3L左右。优质的汽车风窗玻璃清洗液主要由水、酒精、乙二醇、缓蚀剂及多种表面活性剂组成,除了具有清洗功能外,还应具备防冻性能、防雾性能、抗静电性能、润滑性能、防腐蚀性能。清洗液应保持清洁,以免堵塞喷嘴。在环境温度低于0℃时,应使用防冻型洗涤液。

2　洗涤泵

洗涤泵通常安装于储液罐的下部,其电力由蓄电池供给,消耗电流不大于3.6A。洗涤泵连续工作时间一般不超过1min,清洗风窗玻璃时洗涤泵先工作,刮水器后工作。在喷水停止后,刮水器会继续刮3~5次,这样才能达到良好的清洗效果。

3　喷嘴

洗涤器的喷嘴形状通常分为圆形、方形、扁形三种。单孔喷嘴布置在左右刮水器驱动轴附近,双孔喷嘴布置于车身中心线上。喷嘴的喷头是一个球体,喷射方向可以调节,只要在使用时用大头针插入内孔,稍稍用力即可改变洗涤液的喷射方向。如喷嘴堵塞,可用细钢丝加以疏通。喷嘴直径一般为0.8~1.0mm,各喷嘴排量要均等,喷出的水不应分散。

引导问题9　风窗玻璃清洗储液罐如何规范拆装?

1　拆卸风窗玻璃清洗储液罐

(1)安全规范地拆卸前保险杠(拆卸前保险杠的方法在前面章节已作详细描述,这里不再赘述)。

(2)脱开储液罐加液管固定卡夹,左右旋转、向上用力拔出加液管,如图9-16所示。

(3)使用10mm套筒棘轮扳手拆下风窗玻璃清洗储液罐3个固定螺母,如图9-17所示。

小　提　示

拆卸风窗玻璃清洗储液罐的固定螺母时需使用10mm长套筒,普通套筒是无法拆卸的。

 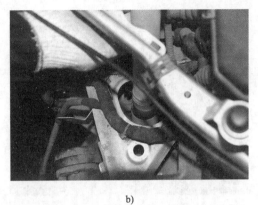

图9-16 取下加液管

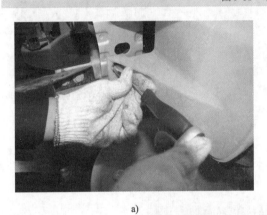 

图9-17 拆卸风窗玻璃清洗储液罐固定螺母

（4）脱开线束，断开洗涤泵插头及液位传感器插头，倒掉残留的风窗玻璃清洗液，如图9-18所示。

（5）使用小规格一字螺丝刀拆下洗涤泵处输液管，取下风窗玻璃清洗储液罐，如图9-19所示。

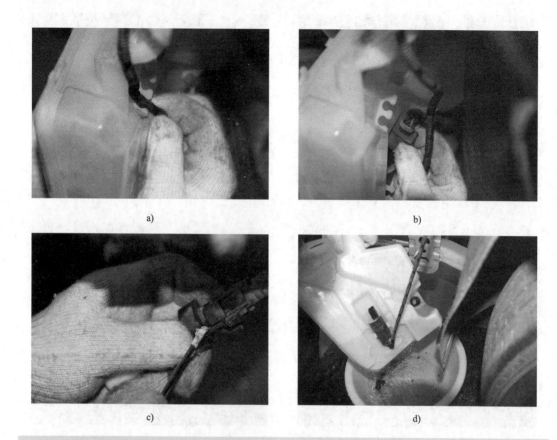

图9-18 倒掉残留的风窗玻璃清洗液

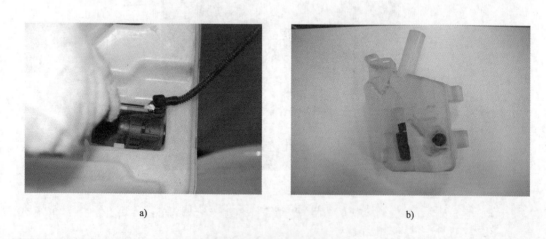

图9-19 取下风窗玻璃清洗储液罐

(6)拆下液位传感器及其密封圈,如图9-20所示。

(7)拆下洗涤泵及其密封圈,如图9-21所示。

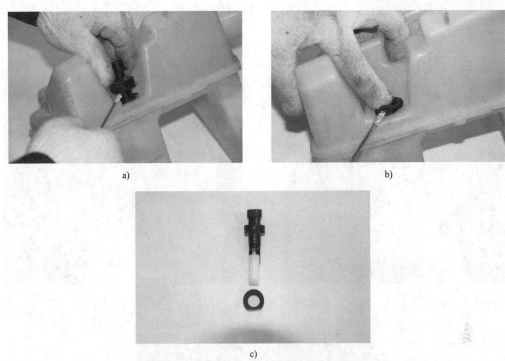

图 9-20　拆卸液位传感器及其密封圈

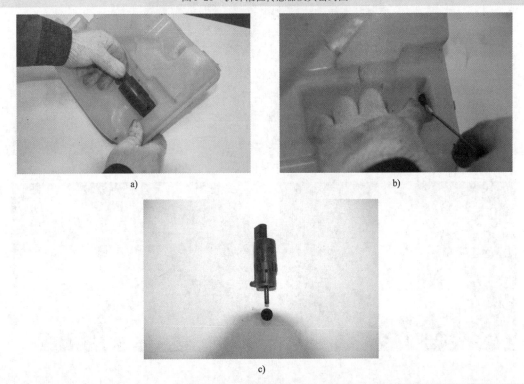

图 9-21　拆卸洗涤泵及其密封圈

2 安装风窗玻璃清洗储液罐

（1）安装洗涤泵、液位传感器及密封圈。

（2）安装洗涤泵处输液管（图9-22），接好洗涤泵和液位传感器插头，如图9-23、图9-24所示。

图9-22 安装洗涤泵处输液管

图9-23 安装洗涤泵插头

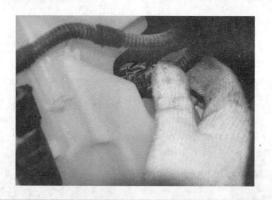
图9-24 安装液位传感器插头

（3）按原样安装风窗玻璃清洗储液罐并紧固螺母，如图9-25所示。

a)

b)

图9-25 安装风窗玻璃清洗储液罐

小提示

安装螺母时必须按照维修手册标注的拧紧力矩拧紧!

(4) 安装加液管,如图 9-26 所示。

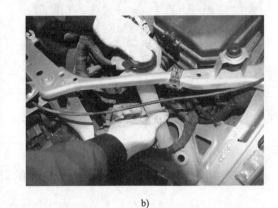

a)   b)

图 9-26 安装加液管

(5) 打开加液管盖,倒入新的风窗玻璃清洗液,如图 9-27 所示。

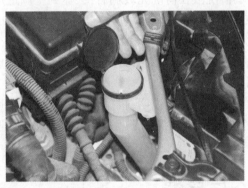

a)   b)

图 9-27 倒入新的风窗玻璃清洗液

(6) 打开车辆电源开关,检查喷水刮刷效果,如图 9-28 所示。
(7) 安装、调整前保险杠。
(8) 整理清洁工位,如图 9-29 所示。

 小提示

良好的工作环境能使我们感到愉悦,也有利于安全操作和提高工作效率。

学习任务九　电动刮水器的拆装与更换

图 9-28　检查喷水刮刷效果

图 9-29　整理清洁工位

引导问题 10　对风窗玻璃清洗液的环境保护和安全措施有哪些？

优质的风窗玻璃清洗液对提高驾车安全有着重大的作用，而劣质的风窗玻璃清洗液多数是用水和酒精等勾兑而成，不仅损害汽车漆面光泽度、橡胶条的硬度，严重的还会引起橡胶件或其他塑料件产生色差、胀溶等。而风窗玻璃清洗液在清洗完玻璃后，会流到空调进风口附近，风窗玻璃清洗液挥发的气味也会沿着汽车空调的通风管道进入驾驶室内。劣质的风窗玻璃清洗液挥发的气体是有害的，会成为危害车主健康的隐形杀手。

环境保护措施：如发生风窗玻璃清洗液泄漏，应立即围堵，防止渗入地表水和地下水，以及地面渗透；不得未经稀释将风窗玻璃清洗液倒入下水道。

安全防范措施：远离火源，不得吸烟；遵守标签指示和使用说明；根据操作说明采用合适的工作方法；保证通风良好；采取措施防止产生静电电荷；避免眼睛接触风窗玻璃清洗液；避免吸入风窗玻璃清洗液。

四、评价与反馈

（1）对本学习任务进行评价，见表 9-1。

评　分　表　　　　　　　　　表 9-1

考核项目	评分标准	分数	学生自评 （×系数 0.1）	小组互评 （×系数 0.2）	教师评价 （×系数 0.7）	小计
工作态度	是否积极主动、认真负责	10				
团队合作	（1）是否能相互协助； （2）是否能顾全大局	10				

续上表

考核项目	评分标准	分数	学生自评 (×系数0.1)	小组互评 (×系数0.2)	教师评价 (×系数0.7)	小计
操作过程	(1)是否做了作业前的准备工作； (2)电动刮水器的拆装是否正确； (3)刮水器组合开关的使用是否正确	45				
安全规范	是否违规操作	10				
任务完成情况	是否圆满完成	10				
现场5S管理	是否在整个工作过程中贯穿5S	10				
知识与能力拓展	是否具有自学与发展能力	5				
	总分	100				
教师签名：			年　　月　　日			得分：

(2)通过本学习任务的学习,你有哪些收获？还存在哪些不足？

(3)查询资料,简述电动刮水器的常见故障及解决办法。

学习任务十
前风窗玻璃的拆装与更换

学习目标

完成本学习任务后,你应当能:
1. 叙述风窗玻璃的功能;
2. 熟知风窗玻璃的安装方式;
3. 规范拆装前风窗玻璃。

建议完成本学习任务的时间为 8 课时。

学习任务描述

一辆雪佛兰科鲁兹轿车车主反映:自己驾驶车辆行驶在高速公路时,被前方货车掉落的物品击中前风窗玻璃,出现凹坑和裂纹,严重影响驾驶视野。你作为车身维修技术人员,需对前风窗玻璃进行拆卸并更换。

一、资料收集

 引导问题1 风窗玻璃有什么功能?

风窗玻璃主要是指汽车前、后风窗玻璃,风窗玻璃能保证驾驶员有良好的能见度、视野开阔,在遇到碰撞、飞石等情况下玻璃破裂而不致伤人,能挡风、遮雨、密闭、采光,并起到了构成车身外形和装饰外观的作用,同时兼顾其他功能。前风窗玻璃的功能具体表现在以下几个方面(图10-1)。

（1）太阳过滤彩带（印刷丝网），在阳光明媚的天气下能过滤部分紫外线辐射，为驾驶员提供舒适的驾驶环境。

（2）雨水传感器是利用光学原理，采用先进的光电转换技术，对汽车前风窗玻璃上的雨水、雾水、雪水进行探测判断，采集数据，经 ECU 计算，准确判断后，根据雨量大小，完全自动地控制刮水器工作的快慢或停止。

（3）灯光感应器是利用光学原理，采用先进光电转换技术，由 ECU 控制的光学感应控制系统，能够感应及判断环境光线亮度变化，自动控制汽车小灯与近光灯开启或关闭，代替人工操作，减轻驾驶员工作强度，提高安全性。

（4）装饰条用于密封和固定风窗玻璃的注塑包边。

（5）丝网印刷——黑色周围印边的风窗玻璃，其作用是隐藏紧固的黏结剂，以保护其不暴露在阳光下。

（6）VIN 代码框是一个从风窗玻璃上看到 VIN（车辆识别代号）的窗口。

图 10-1　前风窗玻璃上的各种功能

本次操作车辆的 VIN 是_____。

引导问题2　风窗玻璃有哪些类型？各有什么特点？

汽车风窗玻璃通常采用利于改善视野而又美观的曲面玻璃，为了确保乘员的安全，各国对车辆前、后风窗玻璃的种类及品质都有严格的法律规定，风窗玻璃必须采用安全玻璃。

现代汽车上应用的安全玻璃有夹层玻璃、钢化玻璃、区域钢化玻璃和特殊功能玻璃等类型。

1　夹层玻璃

夹层玻璃内部有一种透明可黏合性的塑料膜，贴在二层或三层玻璃之间，它将塑料的强韧性和玻璃的坚硬性结合在一起，增加了玻璃的抗破碎力。一旦玻璃受到撞击破损时，中间的塑料膜不会破，玻璃仍会附着在上面，不会像钢化玻璃那样顷刻变成许多小碎片。许多碰撞试验和实践证明,夹层玻璃用于汽车的前风窗,可以十分有效地减轻汽车发生碰撞事故时,碎玻璃对人员的二次伤害。

2 钢化玻璃

钢化玻璃是将普通玻璃淬火使其内部组织形成一定的内应力,从而使玻璃的强度得到加强。在受到冲击破碎时,玻璃会分裂成带钝边的小碎块,对乘员不易造成伤害。钢化玻璃不适合安装在前风窗上,而是多用在车门、侧窗、后风窗及天窗等部位。

3 区域钢化玻璃

区域钢化玻璃是钢化玻璃的一个新品种,它经过特殊处理,能够在受到冲击破碎时,其玻璃的裂纹仍可以保持一定的清晰度,保证驾驶员的视野区域不受到影响。

4 特殊功能的玻璃

(1)单面透视玻璃。它是在普通玻璃上涂抹一层铬、铝或铱的薄膜制成。它可以将光线大部分反射回去,使汽车从内向外可视性好,车外却无法透视车内。

(2)控制风窗玻璃。这种玻璃具有雨点传感作用,其传感器可测出雨点,然后自动打开风窗玻璃上的刮水器,并根据雨量的大小变化,随时改变刮水器速度。

(3)控制阳光玻璃。这种玻璃能挡住多达84%的太阳能,可以在汽车所有车窗关闭和阳光直接暴晒情况下,使车内保持凉爽。

(4)导电玻璃。它是在普通玻璃表面涂上一层氧化钛、氧化锂之类的薄膜而制成。这种玻璃通过微量的电流,会发生热量,附在车窗上的冰霜立即融化,以保证车内人员的视线。

(5)显示器系统玻璃。这种汽车玻璃还可以作为显示器系统,未来汽车路线指南、方位图等都可以从仪表板后面投射到汽车前风窗玻璃上,这样驾驶员不用看仪表,只需正视前方,就可以看到玻璃上显示的各种需要的信息,既方便又安全。

 想一想

我知道的风窗玻璃类型还有以下特点:_____

_____。

引导问题3 前风窗玻璃是如何安装在车身上的?

汽车前风窗玻璃和后风窗玻璃的固定方法相同,根据风窗玻璃固定时使用的材料不同,风窗玻璃常用的固定方法有以下两种:

(1)橡胶密封条镶嵌法:主要是靠橡胶密封条将风窗玻璃镶嵌在风窗窗框的止口上,如图10-2所示。

(2)黏结剂固定法:就是利用黏结剂来固定玻璃,如图10-3所示。

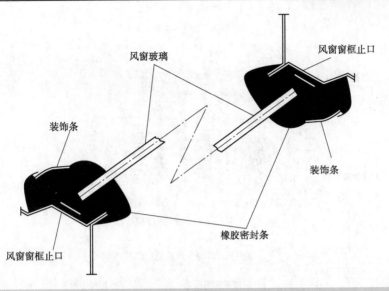

图 10-2　橡胶密封条镶嵌玻璃

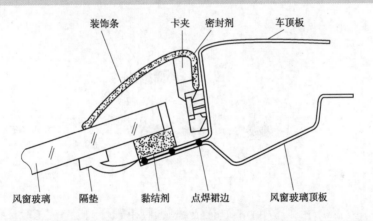

图 10-3　黏结剂固定玻璃

 想一想

本次操作所使用的前风窗玻璃采用的是：_____。

二、任务实施

引导问题 4　作业需要哪些工具、设备和材料？

（1）拆装工具及防护用品（图 10-4）、切除玻璃黏结剂专用工具（图 10-5）、玻璃安装工具等，如图 10-6～图 10-8 所示。

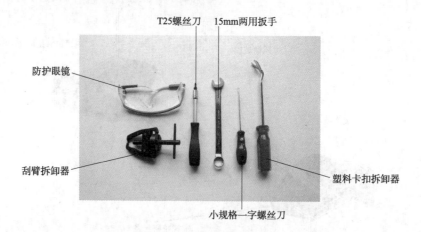

图 10-4 拆装工具及防护用品

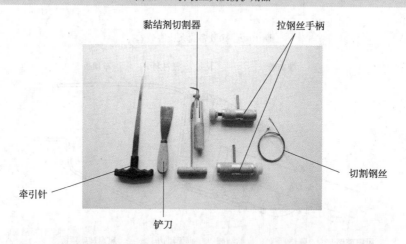

图 10-5 切除玻璃黏结剂专用工具

图 10-6 玻璃吸盘

(2)雪佛兰科鲁兹轿车(或其他车型车辆)。
(3)脚垫、座椅套、转向盘套、变速杆手柄套、驻车制动器操纵杆套、前翼子板防护垫。

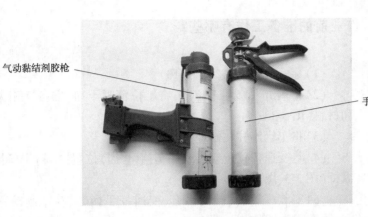

图 10-7 黏结剂胶枪

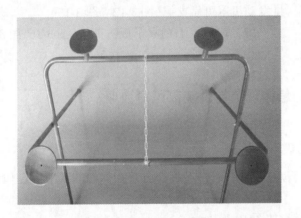

图 10-8 风窗玻璃支架

(4)纸胶带、手套、清洁抹布、清洁剂、玻璃黏结剂修理包(图 10-9)等辅料。

(5)雪佛兰科鲁兹轿车(或其他车型车辆)维修手册。

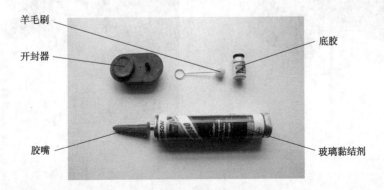

图 10-9 玻璃黏结剂修理包

学习任务十　前风窗玻璃的拆装与更换

引导问题 5　作业前的准备工作有哪些？

图 10-10　穿好防护用品

（1）穿好防护用品（图 10-10）。
（2）车辆进入修理工位前，将工位清理干净，准备好相关的工具和材料（图 3-3）。
（3）将车辆停驻在修理工位上。
（4）将变速杆置于空挡或驻车挡（P 挡）位置；拉起驻车制动器操纵杆（图 3-5、图 3-6）。
（5）安装座椅套、转向盘套、变速杆手柄套、驻车制动器操纵杆套，铺设脚垫（图 3-7～图 3-11）。
（6）拉动发动机罩开启拉索，拨开安全锁；取下发动机罩支撑杆，将发动机罩可靠支撑（图 3-12～图 3-15）。
（7）安装左、右前翼子板防护垫（图 3-16、图 3-17）。

引导问题 6　怎样规范地拆装前风窗玻璃？

1　拆卸前风窗玻璃

（1）拆卸前刮水臂总成及前围盖板（拆卸方法在前面的章节中已作详细描述，这里不再赘述）。
（2）拆下内后视镜，如图 10-11 所示。

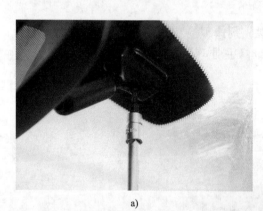
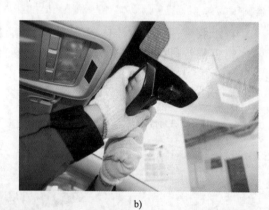

a)　　　　　　　　　b)

图 10-11　拆卸内后视镜

（3）脱开前门密封条，拆下前风窗玻璃立柱两侧内饰板，如图 10-12 所示。
（4）将防护纸垫放置仪表板处，使用牵引针从玻璃黏结剂中插入，如图 10-13 所示。

汽车车身及附属设备

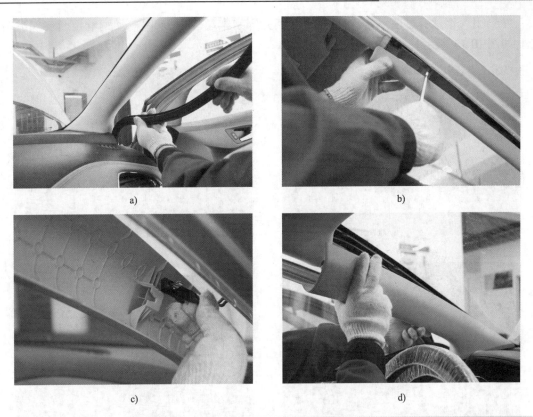

图10-12 拆卸风窗玻璃立柱两侧内饰板

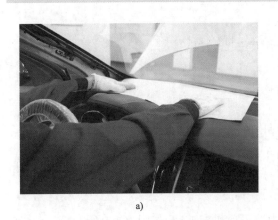
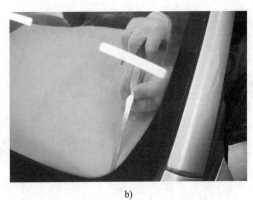

图10-13 牵引针刺穿黏结剂

小提示

　　为了在切割玻璃黏结剂时不损伤仪表板，需在仪表板处放置防护纸垫；为了不损伤漆面，在切割玻璃黏结剂时还要对风窗玻璃四周做好防护工作。

学习任务十　前风窗玻璃的拆装与更换

（5）引入钢丝穿过前风窗玻璃，连上手柄并固定牢靠，两人来回拉动钢丝切断玻璃黏结剂，如图10-14所示。

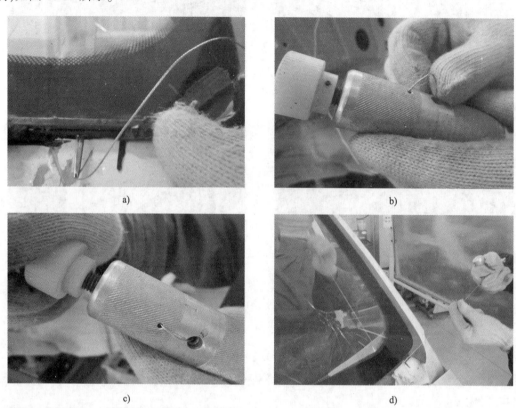

图10-14 两人来回拉动钢丝切割黏结剂

除用拉动钢丝切割黏结剂方法外，也可用黏结剂切割器切割，其方法是一只手握住黏结剂切割器把柄，将刀片插入车身与玻璃之间的黏结剂空隙处，沿着玻璃整个周围轮廓，另一只手按照用力方向拉手柄进行切割。

（6）将吸盘牢牢吸住前风窗玻璃，两人合力取下前风窗玻璃，如图10-15所示。

汽车风窗玻璃是一种易碎物品，新玻璃安装前要有专用玻璃支架放置，切勿与其他金属物发生硬顶，防止发生玻璃损伤。

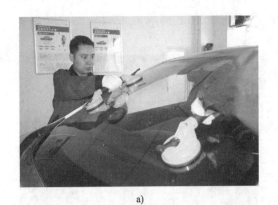
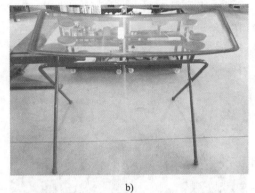

a)   b)

图 10-15　取下前风窗玻璃

2 安装前风窗玻璃

（1）清除车身上残留的黏结剂，如图 10-16 所示。

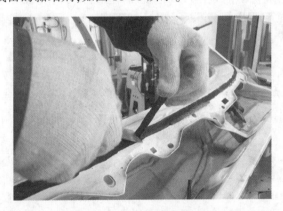

图 10-16　清除残留的黏结剂

（2）将新的前风窗玻璃按原样放置在车身上并粘贴定位标记纸胶带，如图 10-17 所示。

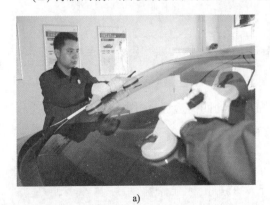
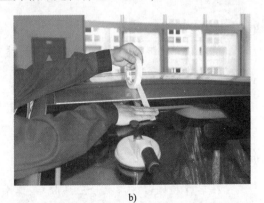

a)   b)

图 10-17　粘贴定位标记纸胶带

（3）从前风窗玻璃上边缘处切断纸胶带，两人配合取下前风窗玻璃放回支架上，如图10-18所示。

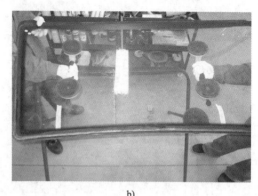

a)　　　　　　　　　　　　　　　b)

图10-18　取下前风窗玻璃放回支架上

（4）使用专用清洁剂擦洗前风窗玻璃框及新风窗玻璃，如图10-19所示。

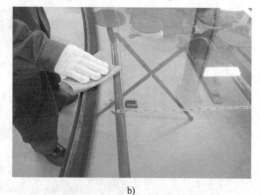

a)　　　　　　　　　　　　　　　b)

图10-19　清洁前风窗玻璃框及玻璃

小提示

清洁黏结面不要使用酒精和油性清洁剂进行清洁，要采用无氨的无污染玻璃清洁剂或厂家指定专用清洁剂进行清洁。

（5）用羊毛刷蘸少量底胶均匀涂刷在新风窗玻璃的四周边缘，如图10-20所示。

小提示

在车身和风窗玻璃上涂上底胶后，需要干燥15min，才能涂抹黏结剂。如果风窗玻璃内装有天线，则应在距天线大约200mm的位置贴上一块丁基胶带，绝不要在天线附近使用底漆和玻璃黏结剂，以保证收音机信号不受干扰。

汽车车身及附属设备

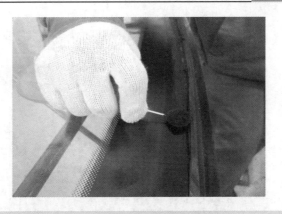

图10-20　在新风窗玻璃边缘均匀涂刷底胶

（6）修剪胶嘴，垂直涂抹玻璃黏结剂，如图10-21所示。

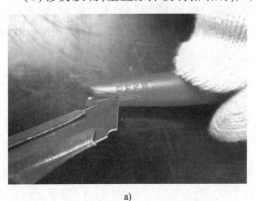

a)　　　　　　　　　　　　　　　　　b)

图10-21　垂直涂抹玻璃黏结剂

　　玻璃黏结剂的抗拉强度和剪切强度对牢牢地固定风窗玻璃是非常重要的，当黏结剂使用后固化层将保持橡胶弹性，并在 $-50 \sim 100℃$ 的温度范围内不会变得过度的硬和黏，因此必须使用厂家推荐的玻璃黏结剂。

（7）两人相互配合，按之前的定位标记安装前风窗玻璃，如图10-22所示。

小　提　示

　　风窗玻璃安装到车身上后，其内部的黏结剂与车身黏结，黏结剂受气候温度、湿度的影响，一般按厂家推荐的时间需要 $6 \sim 8h$，才能在室温下彻底硬化。因此在玻璃稳定在车身上后，可用品质较好的宽而透明胶带将风窗玻璃粘牢，防止玻璃下滑改变位置，待黏结剂固化后去掉胶带。

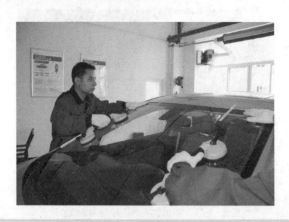

图 10-22　安装前风窗玻璃

（8）待玻璃黏结剂完全固化后进行喷水检查，如图 10-23 所示。如发现泄漏，可在泄漏处进行清洁干燥后重新涂抹黏结剂。

 小提示

两人配合，一人在车外用喷壶沿风窗玻璃四周喷水，另一人在车内观察，仔细查找是否存在漏水情况。

（9）确认无误后，依次安装好内后视镜、前风窗玻璃立柱内饰板、前门密封条、前刮水臂总成等附属件。

 小提示

安装螺母时，必须按照维修手册标注的拧紧力矩拧紧！

（10）整理清洁工位，如图 10-24 所示。

图 10-23　前风窗玻璃泄漏检查

图 10-24　整理清洁工位

良好的工作环境能使我们感到愉悦,也有利于安全操作和提高工作效率。

三、学习拓展

引导问题 7　后风窗玻璃如何规范拆装?

1 拆卸后风窗玻璃

(1)脱开左、右后门密封条,如图 10-25 所示。

图 10-25　脱开后门密封条

(2)使用小规格一字螺丝刀及 10mm 套筒棘轮扳手拆下后风窗立柱内饰板上部 2 个固定螺钉(一侧为 1 个),如图 10-26 所示。

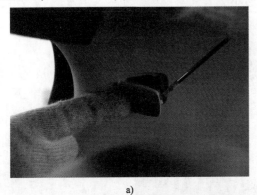
a)

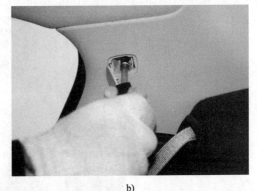
b)

图 10-26　拆卸后风窗立柱内饰板上部固定螺钉

(3)使用塑料卡扣拆卸器撬开后座椅处装饰板固定卡夹,如图10-27所示。

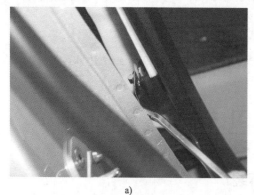
a)

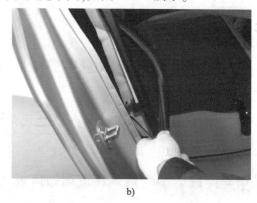
b)

图10-27　撬开后座椅处装饰板固定卡夹

(4)使用10mm套筒棘轮扳手拆下后风窗立柱内饰板下部2个固定螺钉(一侧为1个),取下内饰板,如图10-28所示。

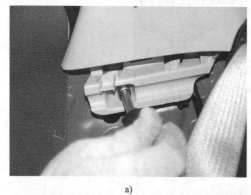
a)

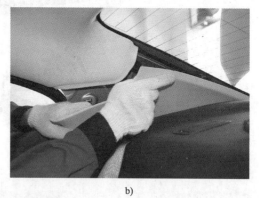
b)

图10-28　取下后风窗立柱内饰板

(5)拔下两侧加热电阻丝插头,如图10-29所示。

图10-29　拔下加热电阻丝插头

(6) 将防护纸垫放置后隔板处,使用牵引针从玻璃黏结剂中插入,如图 10-30 所示。

a)

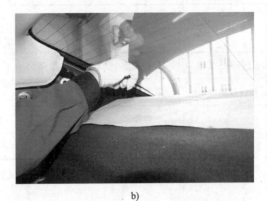
b)

图 10-30　牵引针刺穿黏结剂

余下拆卸步骤同前风窗玻璃类似,这里不再赘述。

2 安装后风窗玻璃

后风窗玻璃的安装方法同前风窗玻璃基本相同,要注意的是安装前要将行李舱盖翻开一定角度,以便后风窗玻璃下部好放入。

四、评价与反馈

(1) 对本学习任务进行评价,见表 10-1。

评 分 表　　　　　　　　　　　　　表 10-1

考核项目	评分标准	分数	学生自评 (×系数 0.1)	小组互评 (×系数 0.2)	教师评价 (×系数 0.7)	小计
工作态度	是否积极主动、认真负责	10				
团队合作	(1) 是否能相互协助; (2) 是否能顾全大局	10				
操作过程	(1) 是否做了作业前的准备工作; (2) 前风窗玻璃的拆装是否正确; (3) 风窗玻璃的功能叙述是否准确	45				
安全规范	是否违规操作	10				
任务完成情况	是否圆满完成	10				

学习任务十　前风窗玻璃的拆装与更换

续上表

考核项目	评分标准	分数	学生自评 (×系数0.1)	小组互评 (×系数0.2)	教师评价 (×系数0.7)	小计
现场5S管理	是否在整个工作过程中贯穿5S	10				
知识与能力拓展	是否具有自学与发展能力	5				
	总分	100				
教师签名：			年　　月　　日		得分：	

(2) 通过本学习任务的学习，你有哪些收获？还存在哪些不足？

(3) 查询资料，简述天窗的拆装方法及注意事项。

学习任务十一
汽车座椅的拆装与更换

学习目标

完成本学习任务后,你应当能:
1. 叙述汽车座椅的功用及分类;
2. 识别汽车座椅的主要组成零部件;
3. 规范拆装汽车前、后座椅。

 建议完成本学习任务的时间为 **8** 课时。

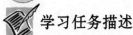

李先生在某雪佛兰品牌4S店购买了一辆经济型轿车,该车型配备的是绒布座椅,李先生在与家人商议后,来到4S店打算更换成真皮座椅。你作为车身维修技术人员,需对原座椅进行拆卸并更换新座椅。

| 引导问题 1 | 汽车座椅有哪些功用?

汽车座椅作为汽车重要的内部附属设备,它包括以下功用:
(1)支撑乘员质量。
(2)缓和衰减由车身传来的冲击和振动。
(3)保证乘员乘坐舒适性,减轻乘员疲劳并且提供良好的工作条件。
(4)保护乘员避免和减少伤亡等重要作用。

想一想

我觉得未来的汽车座椅还可以如此设计：_____
_____。

引导问题2　汽车座椅是如何分类的？

汽车座椅的种类很多，按照座椅的结构与车型用途，汽车座椅可分为轿车座椅和客车座椅；按照安装位置的不同，汽车座椅又可分为前排座椅和后排座椅；按照座椅表层的材料分类，主要有纺织布料座椅、人造革座椅和真皮座椅；按座椅的使用功能分类，可分为驾驶员座椅、乘客座椅、儿童座椅三种。

1 驾驶员座椅

驾驶员座椅安装在驾驶员的座位处。由于驾驶员在驾驶时必须集中精力，始终注视前方，灵活机动地处理各种交通路况，为了有利于安全驾驶，对驾驶员座椅的舒适性、方位（高低、前后）的可调整性要求较高。所以，驾驶员座椅总成的结构复杂，性能可靠，调整灵活。

2 乘员座椅

乘员座椅要求乘坐舒适，这与驾驶员座椅要求一样。但对调整方面无过多要求，一般乘员座椅，只在一些豪华客车上才有角度调整机构，即俯仰角度可在一定范围内调整，以期达到提高乘员舒适性的目的。

3 儿童座椅

儿童安全座椅是根据体型设计制作的一种专用座椅，汽车安装这种座椅，不仅可使车祸对儿童的伤害降低到最低程度，而且为儿童舒适地乘坐和家长精心地照顾提供了便利。

 想一想

我知道的汽车座椅还可以这样分类：_____
_____。

引导问题3　汽车座椅由哪些主要零部件组成？

汽车座椅一般由座椅框架、调整机构、弹性元件、坐垫、靠背、头枕及表面包覆的蒙皮等组成，如图11-1所示。

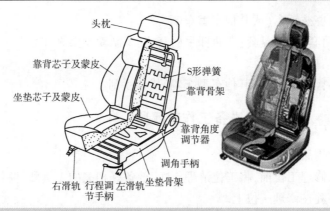

图11-1　前座椅结构

座椅框架:支撑机构。
调整机构:调整座椅高低、前后;靠背角度;头枕的高低、前后等适应不同人体的要求。
弹性元件:提高缓冲性能、支撑坐垫与靠背。
坐垫、靠背:形成座椅的形状(密度不同),缓冲振动及载荷,提供舒适的乘坐条件。
头枕:支撑头部,撞车时保护头部和颈部,减轻伤害。
表面蒙皮:包覆表面,体现造型效果,主要有绒布和真皮之分。

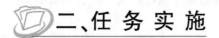二、任务实施

引导问题4　作业需要哪些工具、设备和材料?

(1)棘轮扳手(中号)、长接杆(中号)、T50旋具套筒(中号)、T30旋具套筒(中号)、15mm套筒(中号)、18mm套筒(中号)、棘轮扳手(小号)、长接杆(小号)、10mm套筒(小号)、小规格一字螺丝刀、塑料卡扣拆卸器,如图11-2所示。

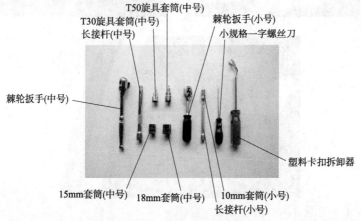

图11-2　使用工具

(2)雪佛兰科鲁兹轿车(或其他车型车辆)。
(3)脚垫、座椅套、转向盘套、变速杆手柄套、驻车制动器操纵杆套。
(4)手套、清洁抹布等辅料。
(5)雪佛兰科鲁兹轿车(或其他车型车辆)维修手册。

引导问题5 ▶ 作业前的准备工作有哪些?

(1)穿好防护用品(图1-16)。
(2)车辆进入修理工位前,将工位清理干净,准备好相关的工具和材料(图3-3)。
(3)将车辆停驻在修理工位上。
(4)将变速杆置于空挡或驻车挡(P挡)位置;拉起驻车制动器操纵杆(图3-5、图3-6)。
(5)安装座椅套、转向盘套、变速杆手柄套、驻车制动器操纵杆套,铺设脚垫(图3-7~图3-11)。

引导问题6 ▶ 怎样规范地拆装前排座椅?

1 拆卸前排座椅

(1)打开车门,两只手同时按压前排座椅头枕固定卡夹,另一个人帮忙向上拔出头枕,如图11-3所示。

a)

b)

c)

图11-3 取下前排座椅头枕

(2)将前排座椅向后移动至极限位置,使用T50旋具套筒棘轮扳手拆卸2个固定螺钉,如图11-4所示。

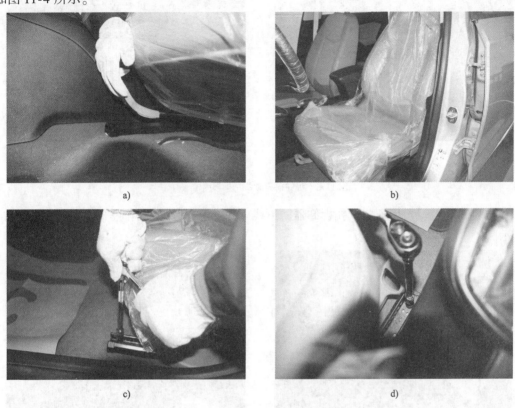

图11-4 拆卸前排座椅前部固定螺钉

(3)将前排座椅向前移动至极限位置,用相同工具拆卸2个后部固定螺钉,如图11-5所示。

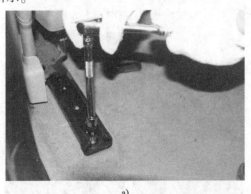 

图11-5 拆卸前排座椅后部固定螺钉

(4)使用T30旋具套筒棘轮扳手拆卸1个前排座椅左护板固定螺钉,如图11-6所示。

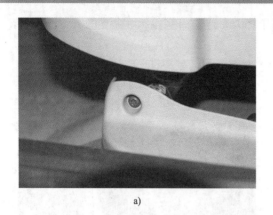
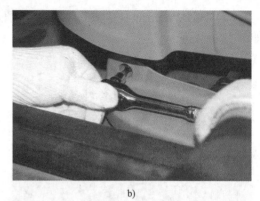

a) b)

图 11-6 拆卸前排座椅左护板固定螺钉

(5) 脱开左护板,用塑料卡扣拆卸器撬下线束固定卡夹,取下前排座椅左护板,如图 11-7 所示。

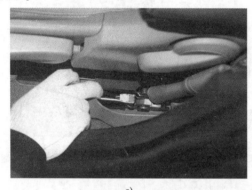
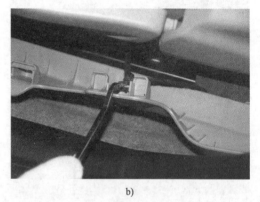

a) b)

图 11-7 取下前排座椅左护板

(6) 使用小规格一字螺丝刀拆卸预张紧安全带固定件线束插头,如图 11-8 所示。

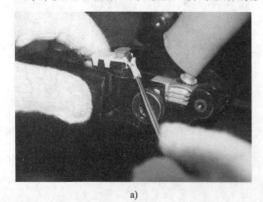
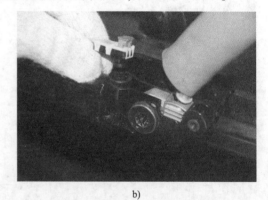

a) b)

图 11-8 拆卸预张紧安全带固定件线束插头

（7）使用T50旋具套筒棘轮扳手拆卸1个预张紧安全带固定件螺栓并取下预张紧安全带固定件，如图11-9所示。

a)   b)

图11-9 取下预张紧安全带固定件

（8）拔下前排座椅线束插接器，两人相互配合取出前排座椅，如图11-10所示。

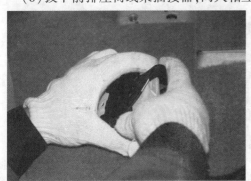 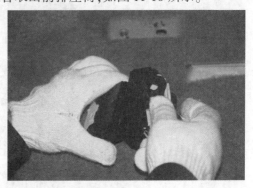

a)   b)

c)

图11-10 取出前排座椅

2 安装前排座椅

（1）两人相互配合，将前排座椅放入车内。

(2)安装预张紧安全带固定件并紧固螺栓,接好线束插头。
(3)安装前排座椅左护板。
(4)紧固前排座椅4个固定螺钉。

安装螺栓、螺钉时必须按照维修手册标注的拧紧力矩拧紧!

(5)安装前排座椅线束插接器。
(6)两人相互配合,安装好前排座椅头枕。
(7)检查前排座椅各功能是否正常并调整到位。
(8)整理清洁工位,如图11-11所示。

图11-11 整理清洁工位

良好的工作环境能使我们感到愉悦,也有利于安全操作和提高工作效率。

引导问题7 ▶ 怎样规范地拆装后排座椅?

1 拆卸后排座椅

(1)将前排座椅均向前移动至极限位置,如图11-12所示。
(2)两人相互配合,一只手按住后坐垫前端,另一只手向前翻转后坐垫,如图11-13所示。
(3)使用15mm套筒棘轮扳手拆下后座椅中间处安全带锁扣总成的固定螺母,将安全带固定件从后坐垫中取出,如图11-14所示。

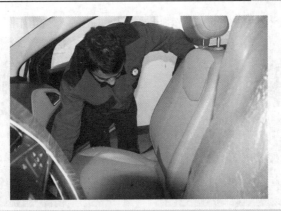

图 11-12　向前移动前排座椅至极限位置

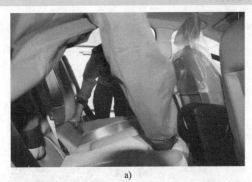
a)
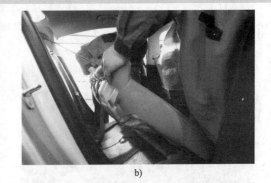
b)

图 11-13　翻转后坐垫

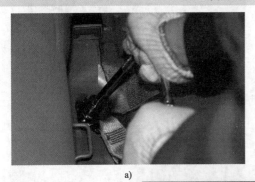
a)
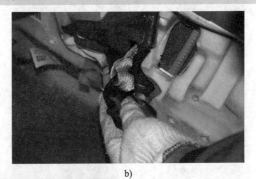
b)

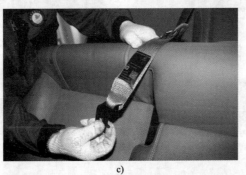
c)

图 11-14　取出后座椅安全带固定件

(4)两人相互配合将后坐垫前端卡销同时拔出,取出后坐垫,如图11-15所示。

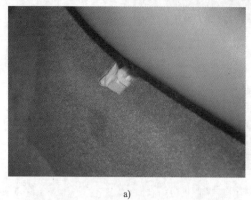
a)

b)

图11-15 取出后坐垫

(5)拆卸后座椅靠背。

①打开行李舱盖,取出行李舱垫,如图11-16所示。

a)

b)

图11-16 取出行李舱垫

②分别将两侧后座椅靠背放倒,如图11-17所示。

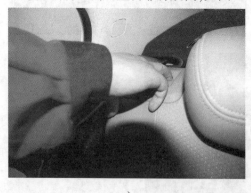
a)

b)

图 11-17

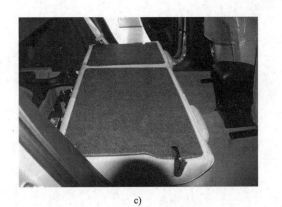

c)

图 11-17　放倒后座椅靠背

③使用 15mm 套筒棘轮扳手拆卸 4 个后座椅靠背固定螺母，如图 11-18 所示。

a)

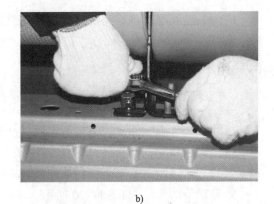
b)

图 11-18　拆卸后座椅靠背固定螺母

④使用塑料卡扣拆卸器抵住后座椅靠背下部的固定销轴（两侧），同时向上拔出销轴，两人配合取出后座椅靠背，如图 11-19 所示。

a)

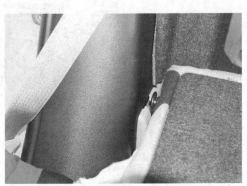
b)

图　11-19

学习任务十一　汽车座椅的拆装与更换

c)

图 11-19　取出后座椅靠背

2 安装后排座椅

（1）两人相互配合将后座椅靠背按原样放好并紧固 4 个螺母。

 小提示

安装螺母时必须按照维修手册标注的拧紧力矩拧紧！

（2）将安全带固定件从后坐垫中穿出，按照原先位置固定牢靠。
（3）两人相互配合，先将后坐垫前端卡销卡紧，然后将后坐垫往下压实。
（4）检查后排座椅及安全带各功能是否正常。
（5）整理清洁工位，如图 11-20 所示。

图 11-20　整理清洁工位

 小提示

良好的工作环境能使我们感到愉悦，也有利于安全操作和提高工作效率。

三、学习拓展

引导问题 8 安全带如何规范拆装?

1 拆卸前排座椅安全带

(1) 安全规范地拆卸前排座椅(拆卸方法在前面已作详细描述,这里不再赘述)。
(2) 拆下前门及后门密封条,如图 11-21 所示。

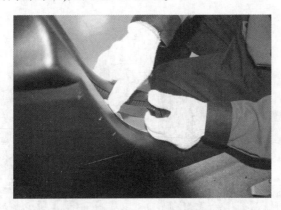

图 11-21 拆卸前门及后门密封条

(3) 使用塑料卡扣拆卸器依次撬开门槛内装饰板、安全带下部装饰板及上部装饰板并取下,如图 11-22 所示。
(4) 使用 T50 旋具套筒棘轮扳手拆下安全带卷收器固定螺钉并取出安全带卷收器,如图 11-23 所示。

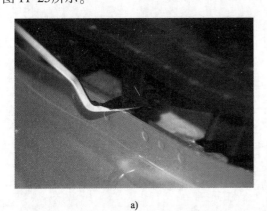

a)   b)

图 11-22

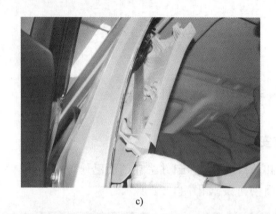

c)

图 11-22　取下安全带装饰板

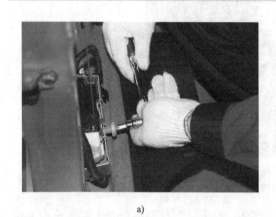

a)

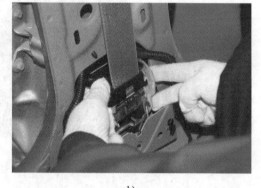

b)

图 11-23　取出安全带卷收器

（5）使用小规格一字螺丝刀撬开安全带卷收器线束插头并取下，如图 11-24 所示。

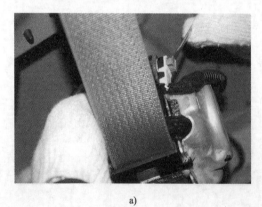

a)

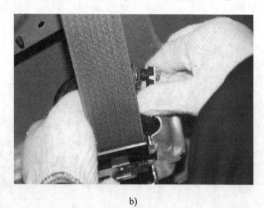

b)

图 11-24　取下安全带卷收器线束插头

(6)分别使用T50旋具套筒棘轮扳手、T30螺丝刀等工具依次拆下安全带卷收器D形环螺栓及肩带导板固定螺钉,取出安全带总成,如图11-25所示。

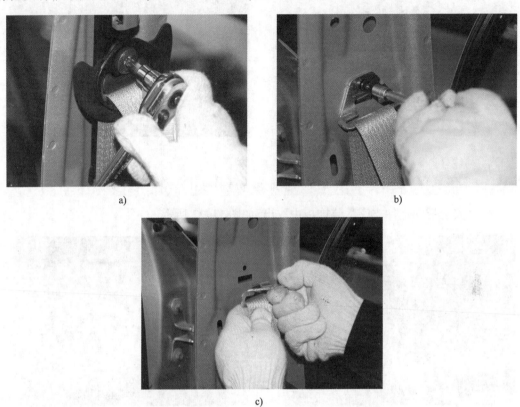

图11-25 取出安全带总成

(7)使用小规格一字螺丝刀及10mm套筒棘轮扳手等工具拆卸安全带固定件支座,如图11-26所示。

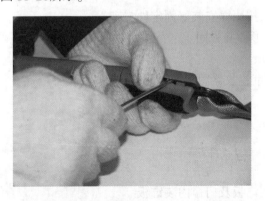 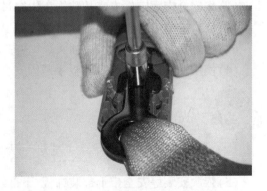

图 11-26

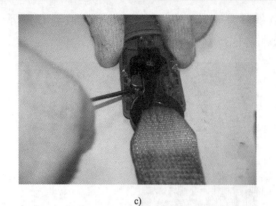
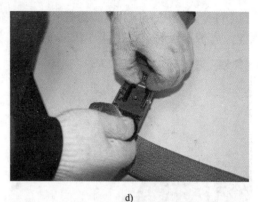

c)   d)

图 11-26　拆卸安全带固定件支座

（8）将安全带固定件支座从装饰板中取出，如图 11-27 所示。

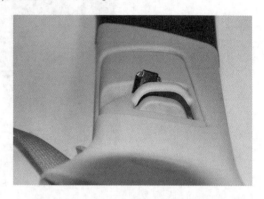

a)   b)

图 11-27　取出安全带固定件支座

2 安装前座椅安全带

（1）将安全带固定件支座从装饰板中穿过，按原样安装好固定件支座。
（2）依次安装肩带导板及安全带卷收器 D 形环并紧固。
（3）接好安全带卷收器线束插头。
（4）使用 T50 旋具套筒棘轮扳手紧固安全带卷收器固定螺钉。

 **小提示**

安装螺钉时必须按照维修手册标注的拧紧力矩拧紧！

（5）依次安装好安全带上部装饰板、下部装饰板及门槛内装饰板。
（6）安装前门及后门密封条。
（7）安装好前排座椅。

（8）测试安全带及前排座椅等功能是否正常并调整到位。
（9）整理清洁工位，如图 11-28 所示。

图 11-28　整理清洁工位

良好的工作环境能使我们感到愉悦，也有利于安全操作和提高工作效率。

四、评价与反馈

（1）对本学习任务进行评价，见表 11-1。

评 分 表　　　　　　　　　　　　表 11-1

考核项目	评分标准	分数	学生自评 (×系数0.1)	小组互评 (×系数0.2)	教师评价 (×系数0.7)	小计
工作态度	是否积极主动、认真负责	10				
团队合作	（1）是否能相互协助； （2）是否能顾全大局	10				
操作过程	（1）是否做了作业前的准备工作； （2）前排座椅的拆装是否正确； （3）后排座椅的拆装是否准确	45				
安全规范	是否违规操作	10				
任务完成情况	是否圆满完成	10				
现场5S管理	是否在整个工作过程中贯穿5S	10				

续上表

考核项目	评分标准	分数	学生自评 （×系数0.1）	小组互评 （×系数0.2）	教师评价 （×系数0.7）	小计
知识与能力拓展	是否具有自学与发展能力	5				
	总分	100				
教师签名：			年　　月　　日		得分：	

(2) 通过本学习任务的学习，你有哪些收获？还存在哪些不足？

(3) 查询资料，简述电动座椅的构造及拆装方法。

参 考 文 献

[1] JamesE. Duffy Robert Schaff(美).汽车车身维修技术[M].吴友生,译.北京:高等教育出版社,2006.
[2] 彭万平,胡罡.汽车车身维修技术[M].北京:人民交通出版社,2012.
[3] 中国汽车维修行业协会.汽车维修常用工量具使用[M].北京:人民交通出版社,2010.
[4] 胡建富,马涛.汽车车身与附属设备[M].北京:人民交通出版社股份有限公司,2017.
[5] 张炜.汽车车身电气系统拆装[M].北京:人民交通出版社股份有限公司,2017.